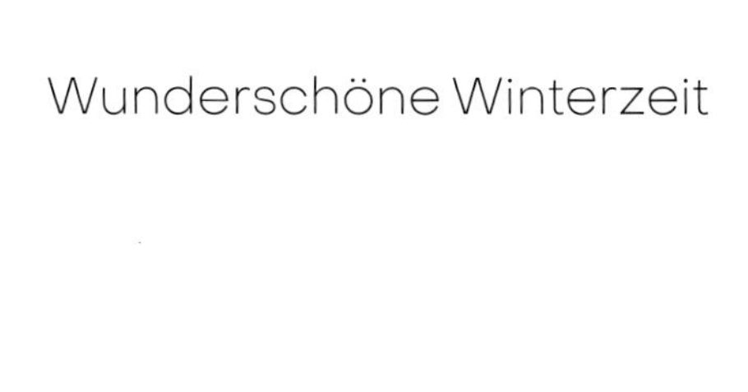

Wunderschöne Winterzeit

Carolin Jahn

Wunderschöne Winterzeit

Vom Backen, Kochen und Schenken
in der kalten Jahreszeit

Jan Thorbecke Verlag

VERLAGSGRUPPE PATMOS

PATMOS
ESCHBACH
GRÜNEWALD
THORBECKE
SCHWABEN
VER SACRUM

Die Verlagsgruppe
mit Sinn für das Leben

FÜR MAMA

Die Verlagsgruppe Patmos ist sich ihrer Verantwortung gegenüber unserer Umwelt bewusst. Wir folgen dem Prinzip der Nachhaltigkeit und streben den Einklang von wirtschaftlicher Entwicklung, sozialer Sicherheit und Erhaltung unserer natürlichen Lebensgrundlagen an. Näheres zur Nachhaltigkeitsstrategie der Verlagsgruppe Patmos auf unserer Website
www.verlagsgruppe-patmos.de/nachhaltig-gut-leben

Verlagsgruppe Patmos in der Schwabenverlag AG, Ostfildern
www.thorbecke.de

Gestaltung: Finken & Bumiller, Stuttgart
Fotos: Carolin Jahn
Druck: PNB Print Ltd, Silakrogs
Hergestellt in Lettland
ISBN 978-3-7995-1580-1

INHALT

4 Cups
3 Cups
2 Cups
1 Cup
WESTMARK

Willkommen in meiner Winterküche

In der kälteren Jahreszeit, in der die Stunden des Tages kürzer geworden sind, Kerzenschein das Haus erhellt, kleine Tannenzweige die Wohnung schmücken und draußen Herbstlaub unter den Stiefeln raschelt, wächst in mir das Verlangen nach absolutem Wohlfühlessen: Nach Gerichten, die mich von innen wärmen, nach winterlichen Gewürzen schmecken und mir irgendwie das Gefühl von Geborgenheit vermitteln. Ich möchte dafür nicht Stunden in der Küche verbringen, sondern hochwertige, saisonale Zutaten miteinander kombinieren, köcheln lassen oder in den Ofen schieben und mich dann mit einer kleinen, dampfenden Schüssel Maronenrisotto, einer noch warmen Zimtschnecke oder einer wohlig wärmenden Tasse voll Apfelpunsch mit Zimtsahne in meine Lieblingsecke im Haus setzen und genießen.

Der Herbst hatte schon immer etwas Magisches für mich. Lange Spaziergänge durch Herbstlaub an immer kürzer werdenden Tagen, nasse Gummistiefel im Hausflur und ein riesengroßer Topf mit dampfender Kürbissuppe machen für mich einen Herbsttag perfekt.

Auch wenn ich an die Vorweihnachtszeit meiner Kindheit denke, kann man, glaube ich, heute noch ein Funkeln in meinen Augen sehen. Ganze Tage, die wir mit unseren Schlitten im Schnee verbracht haben, eine heiße Tasse Kakao zu Hause, echte Klassiker auf dem Plätzchenteller oder der lauwarme, selbst gebackene Hefezopf meiner Mutter – das sind die ersten Erinnerungen, die ich abrufen kann. Ich habe es geliebt, wie zu Hause erst alles herbstlich, dann winterlich geschmückt wurde. Heimlich habe ich mit meinem Vater zusammen die Tage bis Heiligabend gezählt und konnte es kaum abwarten, bis kurz vorher dann endlich der Weihnachtsbaum einzog. Bereits als Kind hatte ich das Gefühl, dass sich in den Wintermonaten die Uhren langsamer drehten, man sich wieder mehr Zeit nahm, miteinander zu essen oder einfach zusammen zu sein. Auch die früh eintretende Dunkelheit am Nachmittag hat mir schon immer gefallen.

Heute bin ich auch im Erwachsenenalter ein echter Herbst- und Winterfan. Ich mag die Behaglichkeit in dieser Zeit, gemütliche Abende vor dem Kamin und schön gedeckte Tische mit unzähligen Kerzen und Tannengrün für all meine Lieben.

In diesem Buch geht es darum, einfache, schnelle Wohlfühlrezepte der kalten Jahreszeit im eigenen Zuhause gebührend zu zelebrieren. Ob allein, mit der Familie oder mit Freunden: Lasst uns wieder die kleinen Dinge im Leben wertschätzen und verschenken. Lasst uns Zeit nehmen – gemeinsam oder auch für uns selbst– und lasst uns doch einfach mit einer großen Tasse Gewürzschokolade beginnen und die wunderbare Winterzeit genießen.

„Manchmal sind es die kleinsten Dinge, welche den meisten Platz in deinem Herzen einnehmen."

The Pooh Bear

Kleine Warenkunde

Verschiedene Mehlsorten

Hier gilt: Je kleiner die Nummer, desto weniger Mineralstoffe sind im Mehl enthalten. Ich verwende meistens Weizenmehl Type 405 und Type 550.
Das Weizenmehl mit der Type 405 ist besonders gut für Kleingebäck wie Kekse, Plätzchen oder Kuchen geeignet. Das Weizenmehl mit der Type 550 verwende ich gerne für Hefegebäck jeglicher Art, Brötchen und helle Brote wie etwa Toastbrot. Für Sauerteigbrote nehme ich gerne Roggenmehl Type 1150.

Süßungsmittel

Ist die Zugabe von Süßungsmitteln notwendig, greife ich neben Honig sehr gerne auf braunen Zucker zurück. Dieser hat eine schöne Karamellnote. Für Keksteige verwende ich am liebsten Puderzucker statt Kristallzucker. Der Teig wird so schön geschmeidig.

Schokolade, Kuvertüre & Kakaopulver

Kuvertüre: Der Fettanteil ist höher als bei herkömmlicher Schokolade. Daher ist sie besonders gut geeignet, um Kuchen damit zu überziehen. Kuvertüre nie neben stark aromatischen Lebensmitteln lagern, da sie Gerüche schnell annimmt. Für die Verwendung in Desserts ist Kuvertüre besonders geeignet, da sie bei sinkender Temperatur schneller fest wird als Schokolade. Auch Pralinen oder Plätzchen lassen sich damit verzieren. Kuvertüre wird nach dem Überziehen von Kuchen, Plätzchen und Co. oft stumpf oder verfärbt sich weiß. Der Grund ist die zu hohe Temperatur beim Schmelzen. Grundsätzlich sollte Vollmilch-Kuvertüre nicht über 42 °C erhitzt werden. Beim Schmelzen über einem Wasserbad lässt sich die Temperatur mit Hilfe eines Küchenthermometers gut kontrollieren. Senkt man die Temperatur der Kuvertüre nach dem Schmelzen wieder auf etwa 30 °C, zieht sie beim Erstarren keine Schlieren.
Schokolade: Schokolade hingegen verwende ich dank ihres besseren Geschmacks gerne in Pudding, Schokoladenmousse oder direkt als Zutat im Kuchenteig.
Kakaopulver: Kakaopulver nutze ich gerne noch im rohen Teig, um diesen gleichmäßig einzufärben. Am liebsten nehme ich hier Backkakao, da dieser im Gegensatz zu Trinkkakao nicht zusätzlich mit Zucker versetzt ist, was den Teig unnötig zusätzlich süßen würde.

Gewürze

Wann immer es mir möglich ist, mahle ich meine Gewürze frisch. Fertig gemahlene Gewürze verlieren schnell an Aroma, weswegen ich Gewürze wie Kardamom und Muskat gerne als ganze Kapseln bzw. Nüsse kaufe und erst kurz vor deren Benutzung mörsere oder reibe.

Kräuter

Wenn es die Jahreszeit zulässt, ernte ich meine Kräuter für die Küche, wenn möglich, frisch. Alternativ lassen sich jedoch auch getrocknete oder eingefrorene Kräuter verwenden. Zum Einfrieren eignen sich beispielsweise Eiswürfelformen. So lassen sich die Kräuter gut vorportionieren.

Öle & Fette

Wenn nicht anders angegeben, sollte Butter immer in Zimmertemperatur verwendet werden. Beim Kochen wie auch beim Backen bevorzuge ich Butter und greife eher selten zu Margarine. Geklärte Butter (Ghee) nutze ich wegen ihrer besseren Hitzebeständigkeit gerne zum Braten von Fleisch und Fisch.

Dafür 250 g Butter in einem kleineren Topf ohne Deckel bei geringer Hitze sehr langsam schmelzen. Nach einigen Minuten setzt sich an der Oberfläche ein weißlicher Schaum aus geronnenem Milcheiweiß ab. Diesen Schaum immer wieder gründlich abschöpfen, bis die Butter goldgelb und klar bleibt. Die flüssige, klare Butter nun durch ein sehr feines Sieb filtern und in ein sauberes, gut verschließbares Glas füllen.

Geklärte Butter ist auch ungekühlt aufgrund des Wasserentzuges mehrere Monate haltbar.

Backtriebmittel

Hefe: Bei der Verwendung von Hefe setze ich, wenn möglich, auf frische Hefe. Diese kaufe ich mir immer auf Vorrat in größeren Mengen. Frisch ist Hefe bis zu 14 Tage haltbar. Verwende ich die Hefe nicht in absehbarer Zeit, friere ich mir die einzelnen Würfel ein. Frische Hefe kurz vor dem Ablaufdatum? Die Triebkraft von Hefe kann ganz einfach getestet werden: Hierzu ein Glas mit lauwarmem Wasser füllen, 1 TL Zucker einrühren und ein kleines Stückchen Hefe zugeben. Ist die Hefe noch brauchbar und zum Backen geeignet, schwimmt diese nach oben und beginnt nach einigen Minuten aufzuschäumen. Sinkt die Hefe jedoch zu Boden, sollte diese entsorgt werden. Prinzipiell gilt: 1 Päckchen Trockenhefe entspricht ½ Würfel Hefe.

Backpulver: Mittlerweile greife ich bei Backpulver immer öfter auf Weinsteinbackpulver zurück. Übliches Backpulver enthält Phospate (Säuerungsmittel). Bei Weinsteinbackpulver wird darauf verzichtet; es gilt deshalb als natürliche Alternative zum herkömmlichen Backpulver und kann auch genauso verwendet werden.

Eier

In meinen Rezepten verwende ich immer Eier in Größe M. Zudem achte ich darauf, sie ebenso wie Butter 30 Minuten vor Backbeginn aus dem Kühlschrank zu nehmen. Bei zu kalten Eiern im Teig kann es schnell passieren, dass diese gerinnen. Ist ein Ei jedoch erstmal in Eiweiß und Eigelb getrennt, sollte es im Kühlschrank aufbewahrt und bald verbraucht werden. Wenn einmal ein Teil eines Eies übrigbleibt, etwa beim Backen, kann dieser ohne Probleme eingefroren werden. Besonders gut eignet sich hierfür eine Eiswürfelform aus Silikon.

Obst, Gemüse & Trockenfrüchte

Im Herbst und Winter verwende ich sehr gerne Äpfel und Birnen aus der Lagerhaltung. Beide Obstsorten schäle ich in meinen Rezepten nur äußerst selten, denn direkt unter der Schale liegen die meisten Vitamine.

Obst- und Gemüsereste fallen nur selten an. Aus den meisten Resten lassen sich noch tolle Dinge herstellen. So mache ich beispielsweise aus Orangen- und Zitronenschalen Orangeat und Zitronat, Zwiebelschalen gebe ich als Farbgeber in Gemüsebrühe, und Apfelschalen trockne ich für selbst gemachten Apfeltee. Aus Schalen von Karotten und anderen Gemüsesorten lässt sich Gemüsebrühe kochen.

Bei meinen winterlichen Rezepten verwende ich gerne Orangen- und Zitronenzesten. Diese reibe ich immer frisch kurz vor der Verwendung und kaufe hierfür entweder Bio-Zitrusfrüchte oder auf dem heimischen Markt bei bestimmten Anbietern. Hier kann ich sichergehen, dass die Schale nicht behandelt wurde und ohne Probleme zum Verzehr geeignet ist.

Zum Backen verwende ich auch sehr gerne getrocknete Früchte. Sie enthalten weniger Feuchtigkeit, lassen also den Teig nicht ungewollt feucht werden, und sind im Geschmack oft intensiver als frisches Obst. Da Trockenobst jedoch meist auch süßer im Geschmack ist, reduziere ich je nach Rezept, wenn möglich, dann die Zugabe von zusätzlichem Zucker.

Kartoffeln, Zwiebeln & Knoblauch

Jetzt in den Wintermonaten sind vorwiegend festkochende Kartoffeln meine absoluten Lieblinge. Ich verwende sie besonders gerne für Eintöpfe und Aufläufe, da die Kartoffel hier zwar ihre Form behält, jedoch schön weich wird und sich so perfekt einfügt.

Mehligkochende Kartoffeln kommen bei mir beispielsweise bei Suppen und Pürees zum Einsatz.

Pilze

Pilze sind relativ kurz haltbar und verderben schnell. Kann ich Pilze nicht innerhalb von 1–2 Tagen verbrauchen, schneide ich sie mir in dünne Scheiben und trockne sie mit Hilfe des Backofens oder des Dörrautomaten. Zum Trocknen im Backofen erhitze ich diesen auf 80 °C Ober-/Unterhitze und klemme einen Holzkochlöffel in die Ofentür, damit die Feuchtigkeit entweichen kann. Getrocknete Pilze sind hocharomatisch und trocken und kühl gelagert lange haltbar. Frische Pilze lassen sich gut einfrieren und sind so ungefähr 6 Monate haltbar.

Milchprodukte

Ich verwende in meinen Rezepten, wenn nicht anders angegeben, immer Milch mit 3,8 Prozent, Schlagsahne mit mindestens 30 Prozent und Magerquark mit 20 Prozent Fett.

Nüsse & Mandeln

Am liebsten kaufe ich Nüsse und auch Mandeln im Ganzen und mit Haut. Frisch gemahlen sind sie um einiges aromatischer und saftiger als bereits gemahlene. Auch die Haut lässt sich ganz leicht selbst entfernen. Dafür verteile ich die Nüsse auf einem mit Backpapier belegten Backblech und röste sie bei 170 °C Ober-/Unterhitze für ungefähr 8–10 Minuten. Noch warm gebe ich sie dann in ein sauberes Geschirrtuch und reibe darin die Haut mit den Händen ab.

Backofeneinstellungen

Ober-/Unterhitze

Ober-/Unterhitze verwende ich gerne, wenn mein Back- oder auch Gargut möglichst saftig bleiben soll. Etwas nachteilig ist jedoch, dass pro Backvorgang nur ein Backblech verwendet werden sollte.

Umluft

Zunächst einmal wird bei Umluft eine Menge Energie gespart. Die warme Luft wird wie bei Ober- / Unterhitze durch die Heizstäbe im Inneren des Ofens erzeugt, jedoch zusätzlich durch einen Ventilator an der Rückwand gleichmäßig verteilt.
Im Gegensatz zu Ober-/Unterhitze können hier mehrere Backbleche gleichzeitig verwendet werden, das Back- oder Gargut trocknet jedoch schneller aus.

! GUT ZU WISSEN

Ist im Rezept die Temperatur für den Umluftbetrieb angegeben, kann diese ganz einfach auf Ober-/ Unterhitze umgerechnet werden. Hierfür immer 20 °C addieren.

Rezeptzutaten selbst machen – herzhafte Küche

In der herzhaften Küche gibt es endlose Möglichkeiten, die Vorratskammer oder den Gewürzschrank mit selbst gemachten Gewürzen, Pasten und Pulvern zu erweitern. In industriell gefertigten Gewürzen und Pulvern sind oft Rieselhilfen, Konservierungsstoffe und andere Zusatzstoffe enthalten. Trockne, mische und zerkleinere ich meine einzelnen Bestandteile selbst, weiß ich genau, was drin ist, und kann je nach Jahreszeit und Verwendung variieren.

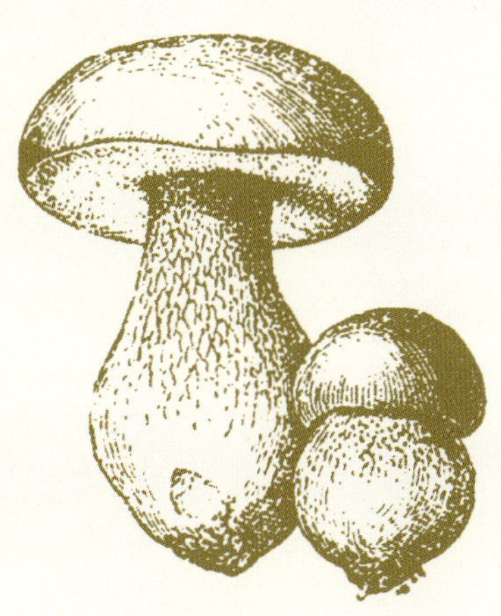

Rosmarinsalz ist aus meiner Küche schon lange nicht mehr wegzudenken. Ich liebe frische Kräuter in meinen Gerichten, mag es bei manchen aber überhaupt nicht, auf ihnen herumbeißen zu müssen. Zerkleinert im Salz hat Rosmarin noch sein volles Aroma und stört nicht im Mund.

Rosmarinsalz mit Zitrone

ZUTATEN FÜR 1 GLAS À 200 ML

2 kleinere Bio-Zitronen
180 g grobes Meersalz
2–3 EL frische Rosmarinnadeln
½ TL grob zerstoßene Pfefferkörner

ZUBEREITUNG

1. Als Erstes den Backofen auf 80 °C Umluft vorheizen.
2. Die Zitronen heiß abspülen, abtrocknen und die Schale mit Hilfe einer Zestenreibe vorsichtig abreiben. Grobes Meersalz, Rosmarinnadeln, Zitronenabrieb und Pfeffer auf einem mit Backpapier ausgelegten Backblech verteilen und in den Backofen geben. Um die Feuchtigkeit entweichen zu lassen und alles zu trocknen, ist es wichtig, die Backofentür nicht ganz zu schließen. Am besten funktioniert das, indem man während des Backvorgangs einen Holzkochlöffel in die Backofentür klemmt.
3. Nach ca. 5–6 Stunden bei 80 °C im Ofen ist das Rosmarinsalz vollständig durchgetrocknet. Nachdem das Salz vollständig ausgekühlt ist, kann es nach Belieben nochmals zerkleinert und in ein gut verschließbares Glas umgefüllt werden.

HALTBARKEIT & VERWENDUNG

Das Rosmarinsalz passt gut zu Fisch- und Schmorgerichten. Vollständig getrocknet, kühl und trocken gelagert ist das Rosmarinsalz ca. 2 Jahre haltbar. Frische Kräuter werden bei mir schon im Herbst geerntet und anschließend sofort gut getrocknet und in Gläschen aufbewahrt. So bleibt das Aroma erhalten und Gerichte können auch im Winter damit verfeinert und gewürzt werden.

Ein schnelles Gulasch steht bei uns oft spontan zum Feierabend auf der Liste. Praktisch, wenn man mehrere einzelne Gewürze bereits fertig gemischt im Gewürzregal stehen hat.

Gulaschgewürz

ZUTATEN FÜR 1 GLAS À 100 ML

1 Bio-Orange
100 g getrocknete gemischte Pilze
1–2 EL getrockneter Thymian
1 EL getrocknete Wacholderbeeren
2 Lorbeerblätter
3–4 Gewürznelken
1 TL Zimt

ZUBEREITUNG

1. Als Erstes den Backofen auf 100 °C Ober-/Unterhitze vorheizen.
2. Die Bio-Orange heiß waschen und abtrocknen. Die Schale mit Hilfe einer Zestenreibe vorsichtig abreiben.
3. Die Orangenzesten zusammen mit den restlichen Zutaten in einem leistungsstarken Mixer pulverisieren, auf einem mit Backpapier ausgelegten Backblech verteilen und bei 100 °C Ober-/Unterhitze im Ofen bei offener Backofentür für 2–3 Stunden trocknen lassen, bis die Orangenzesten ihre Feuchtigkeit vollständig verloren haben. Anschließend vollständig auskühlen lassen und in saubere, gut verschließbare Gläser füllen.

VERWENDUNG

1 TL Gewürzmischung verfeinert ca. 750 g Gulasch.

Knoblauchpaste aus dem Ofen ist wunderbar aromatisch. Durch das Backen im Ofen werden die Knoblauchzehen bekömmlicher und sind in ihrem Geschmack weniger scharf, ohne ihr typisches Aroma zu verlieren.

Knoblauchpaste aus dem Ofen

ZUTATEN FÜR 1 GLAS À 150 ML

3 Knoblauchknollen
50 ml Olivenöl

HALTBARKEIT & VERWENDUNG

Bei sauberer Verarbeitung und sauberen Gläschen ist die Paste ca. 8 Wochen haltbar. Sie sollte im Kühlschrank aufbewahrt werden. 1 TL entspricht etwa 1–2 Knoblauchzehen.

ZUBEREITUNG

1. Den Backofen auf 160 °C Ober-/Unterhitze vorheizen.
2. Die Knoblauchknollen im Ganzen mittig aufschneiden und die Hälften jeweils mit etwas Öl beträufeln. In Backpapier einpacken und die Päckchen in eine ofenfeste Form setzen. Im vorgeheizten Backofen ca. 60 Minuten backen.
3. Die Knollen auspacken, kurz auskühlen lassen und den Knoblauch mit den Händen aus der Schale drücken. Die Paste in saubere, gut verschließbare kleine Gläschen füllen und die Oberfläche mit etwas Öl bedecken.

Fast nichts ist beim Kochen umständlicher als das immer wiederkehrende Schälen und Kleinschneiden von Zwiebeln und Knoblauchzehen. Zwiebeln friere ich mir oft bereits in kleine Würfel geschnitten ein. Habe ich mehr Zeit, verarbeite ich eine größere Menge zu Knoblauch-Zwiebel-Pulver.

Knoblauch-Zwiebel-Pulver

ZUTATEN FÜR 1 GLAS À 200 ML

1 ganze Knoblauchknolle
2–3 kleine Schalotten
125 g grobes Meersalz

HALTBARKEIT & VERWENDUNG

Das Pulver ist ca. 1 Jahr haltbar, sofern die Zutaten bei der Verarbeitung vollständig getrocknet wurden. Das Knoblauch-Zwiebelpulver am besten gut verschlossen und vor Licht geschützt aufbewahren. Ich verwende das Pulver in fast allen meinen Gerichten alternativ zu frischem Knoblauch oder Zwiebeln, falls diese mal nicht vorhanden sind.

ZUBEREITUNG

1. Als Erstes den Backofen auf 80 °C Umluft vorheizen.
2. Den Knoblauch und die Schalotten schälen und in einem leistungsstarken Mixer zerkleinern.
3. Den Knoblauch und die Zwiebeln mit dem groben Meersalz gründlich vermengen, auf einem mit Backpapier ausgelegten Backblech verteilen und in den Ofen geben. Um die Feuchtigkeit entweichen zu lassen und alles zu trocknen, ist es wichtig, die Backofentür nicht ganz zu schließen. Am besten funktioniert das, indem man während des Backvorganges einen Holzkochlöffel in die Backofentür klemmt.
4. Nach ca. 5–6 Stunden bei 80 °C im Ofen ist das Knoblauchsalz vollständig durchgetrocknet. Jetzt alles gut abkühlen lassen, dann erneut in den Mixer geben und zu Pulver zermahlen. Das Knoblauch-Zwiebel-Pulver zum Schluss in saubere, gut verschließbare Gläser füllen

Das eigene Gemüsebrühpulver herzustellen ist gar nicht so schwer, wie man vielleicht denken mag, und kann oft einfach nebenher produziert werden. Oft verwende ich zur Herstellung meiner eigenen Gemüsewürzpasten oder –pulver einfach Gemüse–reste oder –schalen. Diese sammle ich einige Tage und friere sie mir bis zur weiteren Verarbeitung ein. Im Herbst wandle ich mein Gemüsebrühpulver immer etwas ab und passe es den Winterrezepten an.

Gemüsebrühpulver

ZUTATEN FÜR 2 GLÄSER À 150 ML

3–4 Zwiebeln
3 mittelgroße Karotten
4 mittelgroße, braune Champignons
1 kleinere Stange Lauch
½ Knollensellerie
100 g Petersilienwurzel
1 Handvoll frische Petersilie
180 g Salz

ZUBEREITUNG

1. Als Erstes den Backofen auf 80 °C Umluft vorheizen.
2. Das Gemüse waschen, ggf. schälen und klein schneiden. Anschließend alle Zutaten zusammen in einen leistungsstarken Mixer geben und zerkleinern.
3. Das Gemüse auf einem mit Backpapier ausgelegten Backblech verteilen und in den Ofen geben. Um die Feuchtigkeit entweichen zu lassen und das Gemüse zu trocknen, ist es wichtig, die Backofentür nicht ganz zu schließen. Am besten funktioniert das, indem man während des Backvorganges einen Holzkochlöffel in die Backofentür klemmt.
4. Nach ca. 5–6 Stunden bei 80 °C im Ofen ist das Gemüsegranulat vollständig durchgetrocknet. Jetzt alles gut abkühlen lassen, dann erneut in den Mixer geben und zu Pulver zermahlen. Das Gemüsebrühpulver zum Schluss in saubere, gut verschließbare Gläser füllen.

HALTBARKEIT & VERWENDUNG

Das Gemüsebrühpulver ist bei richtiger Herstellung und nach Entzug der Feuchtigkeit dank des Salzes bis zu 2 Jahre haltbar. Etwa 4 TL Gemüsebrühpulver reichen aus, um aus 500 ml kochendem Wasser eine schnelle, würzige Gemüsesuppe herzustellen.

Das Steinpilzsalz findet in der kalten Jahreszeit bei mir fast überall in der herzhaften Küche Verwendung. Getrocknete Pilze haben ein intensiveres Aroma als frische Pilze.

Steinpilzsalz

ZUTATEN FÜR 1 GLAS À 100 ML

50 g getrocknete gemischte Pilze
40 g grobes Meersalz

ZUBEREITUNG

Die getrockneten Pilze mit Hilfe eines Mörsers bis zur gewünschten Konsistenz zerkleinern und mit grobem Meersalz mischen.

HALTBARKEIT & VERWENDUNG

Sind die Pilze vollständig, also ohne jegliche Restfeuchtigkeit getrocknet, ist das Steinpilzsalz kühl und trocken gelagert mehrere Jahre haltbar. Ich verwende das Salz gerne in Pilzrisottos, Suppen oder Eintöpfen.

Aromatisiertes Öl lässt sich ganz einfach selbst herstellen. Gerade jetzt im Herbst ist das Angebot an frischen Pilzen riesig. Verwerte ich sie nicht sofort, dörre ich sie mir in dünnen Scheiben im Dörrautomaten. In Kombination mit Knoblauch und einem neutralen Öl dient es mir zum Würzen oder auch als Zugabe im Salat.

Steinpilz-Knoblauchöl

ZUTATEN FÜR 1 FLASCHE À 500 ML

2–3 Knoblauchzehen
75 g getrocknete Steinpilze
400 ml neutrales Öl

ZUBEREITUNG

1. Die Knoblauchzehen schälen, vierteln und zusammen mit den getrockneten Steinpilzen in ein großes, gut verschließbares Einmachglas geben. Alles mit neutralem Öl aufgießen und verschließen. Kühl und dunkel für 2–3 Wochen ziehen lassen und das Glas dabei gelegentlich kurz schwenken, damit das Aroma sich besser verteilen kann.
2. Das Steinpilzöl zum Schluss durch ein feines Sieb in eine saubere, gut verschließbare Flasche füllen.

HALTBARKEIT & VERWENDUNG

Das Öl ist kühl und dunkel gelagert etwa 6 Monate haltbar. Ich benutze es gerne für winterliche Salate, zum Anbraten von Kurzgebratenem oder zum Schwenken von frischen Ravioli.

Ich liebe frischen Ingwer in Suppen und Eintöpfen. In Verbindung mit Äpfeln und typischen Wintergewürzen hat er einen wunderbar süßlich-scharfen Geschmack.

Scharfe Ingwerwürzpaste mit Apfel

ZUTATEN FÜR 2 GLÄSER À 150 G

3 kleinere, mittelscharfe Chilischoten
3–4 mittelgroße Äpfel
100 g frischer Ingwer
1–2 Knoblauchzehen
1–2 TL Paprikapulver edelsüß
2 EL Koriandersamen
1 EL Kreuzkümmel
3–4 TL Zimt
Salz & Pfeffer
5 EL neutrales Öl

ZUBEREITUNG

1. Den Backofen auf 180 °C Umluft vorheizen.
2. Die Chilischoten waschen, putzen und grob hacken. Die Äpfel ebenfalls waschen, entkernen und in kleine Würfel schneiden. Den Ingwer und die Knoblauchzehen schälen und in Scheiben schneiden. Die Chilischoten, die Äpfel, den Ingwer und den Knoblauch in einer größeren Schüssel mit den restlichen Zutaten gut vermengen und ca. 10 Minuten ziehen lassen.
3. Anschließend alles auf einem mit Backpapier ausgelegten Backblech verteilen und im vorgeheizten Backofen für ca. 20 Minuten backen. Danach gut auskühlen lassen, in einem leistungsstarken Mixer zu einer Paste verarbeiten und sofort in saubere, gut verschließbare Gläser füllen.

HALTBARKEIT & VERWENDUNG

Im Kühlschrank ist die Paste 3–4 Wochen haltbar. Um die Oberfläche der Paste vor Schimmel oder Austrocknung zu schützen, kann nach jeder Entnahme etwas Öl hinzugegeben werden. Das Öl verschließt die Oberfläche luftdicht. Die Paste ist zum Würzen von Suppen und Saucen geeignet.

Auf frische Kräuter kann ich in den Sommermonaten fast unbegrenzt aus dem Garten zugreifen. In den Wintermonaten bin ich jedoch fast ausschließlich auf meine Vorratskammer angewiesen. Liebstöckel verarbeite ich gerne zu Würzpaste.

Liebstöckel-Würzpaste

ZUTATEN FÜR 1 GLAS À 100 G

70 g frischer Liebstöckel
10 g Salz

ZUBEREITUNG

Die Blätter des Liebstöckels unter fließendem Wasser waschen und etwas trocken tupfen. Die frischen Blätter zusammen mit dem Salz in einen leistungsstarken Mixer geben und zu einer Paste verarbeiten. Sofort in saubere, gut verschließbare Gläser abfüllen und im Kühlschrank aufbewahren.

HALTBARKEIT & VERWENDUNG

Dank des hohen Salzgehaltes ist die Liebstöckel-Würzpaste ca. 3 Monate haltbar. Winterliche Suppen, Eintöpfe sowie Fisch und Fleisch lassen sich sehr gut mit Liebstöckel abschmecken.

Leckere, selbst gemachte Gemüsebrühe ist in meiner Küche absolut unverzichtbar und gehört zu meinen liebsten Basics. Sie ist einfach herzustellen, und die Zutaten können je nach Verfügbarkeit und Jahreszeit variieren.

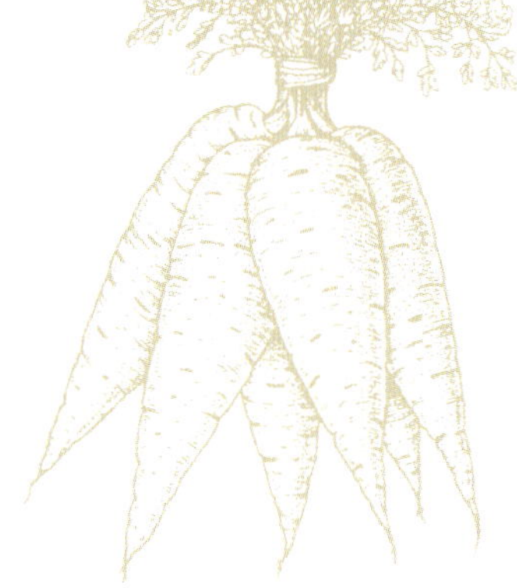

Gemüsebrühe

ZUTATEN FÜR
CA. 2 L FERTIGE BRÜHE

1 Lauchstange
500 g Knollensellerie
4–5 Karotten
1 Petersilienwurzel
2–3 Zwiebeln
Öl zum Anbraten
1 Bund glatte Petersilie
2 Lorbeerblätter
1 TL schwarze Pfefferkörner
2 TL Salz

ZUBEREITUNG

1. Lauch, Knollensellerie, Karotten und Petersilienwurzel waschen, schälen und in grobe Stücke schneiden. Die Zwiebeln halbieren, jedoch nicht schälen. Diese mit der Schnittfläche nach unten in einem größeren Topf mit etwas Öl bräunen. Jetzt das restliche Gemüse zugeben und kurz mitdünsten. Die glatte Petersilie unter fließendem Wasser säubern, grob zerkleinern und mit den Gewürzen zum Gemüse in den Topf geben.
2. Das Gemüse mit 2 l Wasser aufgießen und kurz aufkochen lassen. Die Gemüsebrühe bei geschlossenem Deckel für ca. 1 Stunde sanft köcheln lassen und anschließend durch ein sauberes Küchentuch oder ein feines Sieb abgießen und die Flüssigkeit auffangen.
3. Die Flüssigkeit in saubere, gut verschließbare Flaschen füllen.

HALTBARKEIT, VERWENDUNG & TIPPS

Frisch zubereitet ist die Gemüsebrühe im Kühlschrank bis zu 1 Woche haltbar. Für eine Haltbarkeit von bis zu ½ Jahr kann die Gemüsebrühe bei 100 °C in den Flaschen eingekocht werden. Für eine aromatische Gemüsebrühe können auch kleine Mengen Gemüsereste oder auch nur deren Schalen verwendet werden. Die Schale der Zwiebel beispielsweise gibt der Gemüsebrühe eine schöne Farbe.

Hühnerbrühe gehört wie auch Gemüsebrühe zu meinen selbst gemachten Basics in der Küche. Mit ihr lassen sich einfach und schnell aromatische Saucen herstellen.

Hühnerbrühe

ZUTATEN FÜR CA. 4–6 PORTIONEN ODER 2–3 EINMACHGLÄSER À 1 L

1 küchenfertiges Suppenhuhn
4 Gewürznelken
2 Pimentkörner
3 Lorbeerblätter
1 TL ganze Pfefferkörner
2 Zwiebeln
2–3 Karotten
½ Stange Lauch
¼ Knollensellerie
1–2 kleine Petersilienwurzeln
1 Bund Blattpetersilie
2–3 TL Salz

ZUBEREITUNG

1. Das Suppenhuhn innen und außen unter fließendem Wasser gut abspülen. Das Huhn nun in einen großen Topf geben, mit ca. 2 l kaltem Wasser aufgießen, bis es vollständig bedeckt ist, und das Wasser langsam zum Kochen bringen. Alle Gewürze bis auf das Salz hinzufügen und bei geschlossenem Deckel ca. 1 Stunde 20 Minuten köcheln lassen.
2. Die Zwiebeln mit Schale vierteln, die Karotten schälen und in Scheiben schneiden. Lauch, Knollensellerie und Petersilienwurzeln ebenfalls waschen und in Stücke oder Scheiben schneiden. Die Blattpetersilie kurz abbrausen und grob hacken. Das Gemüse in den Topf geben und eine weitere Stunden köcheln lassen.
3. Das Huhn vorsichtig aus dem Topf nehmen und beiseitestellen. Die Brühe mit Gewürzen und Gemüse durch ein Küchensieb gießen und die Flüssigkeit dabei auffangen. Zum Schluss mit Salz abschmecken.

HALTBARKEIT, VERWENDUNG & TIPPS

Um eine möglichst klare Hühnerbrühe zu erhalten, ist es wichtig, das Suppenhuhn vor der Verwendung sehr gründlich zu waschen. Während des Kochens immer wieder Schaum abschöpfen. Um eine aromatische Brühe zu erhalten, erst zum Schluss salzen. Das Fleisch des Suppenhuhns ist nach der Kochzeit sehr zart und kann für andere Rezepte weiterverarbeitet werden. Die fertige Brühe friere ich mir portionsweise in Einmachgläsern ein.

3 Cups
2 Cups
WESTMARK

Rezeptzutaten selbst machen – Backen

Ein wohlig-würziges Hauptgericht, ein leckerer Nachtisch oder ein Kuchen, an den man noch lange zurückdenkt, verlangt nach frischen und hochwertigen Zutaten. Viele Dinge, die mittlerweile aus meiner Küche nicht mehr wegzudenken sind, lassen sich ganz einfach selbst herstellen. Das gibt mir nicht nur ein richtig gutes Gefühl, sondern ich weiß zudem ganz genau, was verarbeitet wurde und auch wie frisch meine Zutaten sind. Sachgemäß aufbewahrt in Kühlschrank oder Vorratskammer, sind diese kleinen, aber feinen Zutaten lange haltbar und machen nicht selten das Gericht erst zu dem, was es zum Schluss auch sein soll – ein absolutes Wohlfühlessen für Körper und Seele.

Im Herbst und Winter gibt es kaum einen Nachtisch oder ein Backrezept bei mir ohne Zugabe von Vanille. Als Extrakt lässt sich Vanille besonders gut dosieren und einrühren.

Vanillextrakt

ZUTATEN

3 Vanilleschoten
175 ml Wodka

ZUBEREITUNG

1. Die Vanilleschoten längs aufschneiden und in kleine Stücke schneiden. Den Wodka in eine saubere, gut verschließbare Flasche füllen und die Vanillestücke zugeben. Hier unbedingt darauf achten, dass alle Vanillestücke gut mit Wodka bedeckt sind.
2. Die Flasche gut verschließen und an einem dunklen und kühlen Ort für 4–6 Wochen stehen lassen. Die Flasche alle paar Tage etwas schütteln, damit sich das Vanillearoma gut verteilen kann. Wer möchte, kann den Extrakt durch ein feines Küchensieb geben, die Flüssigkeit auffangen, zurück in die Flasche füllen und diese gut verschließen.

HALTBARKEIT & VERWENDUNG

Kühl und dunkel gelagert hält sich der Extrakt ca. 1 Jahr. Ist die Flasche fast leer, kann diese immer wieder mit Alkohol aufgefüllt werden. Ausgekratzte Vanilleschoten, etwa vom letzten Backrezept, können einfach in die Flasche gegeben werden und entfalten dort ihr Aroma. Ich verwende den Vanilleextrakt sehr gerne zum Backen, wenn keine frische Vanilleschote im Haus ist. Der Alkoholgehalt verfliegt beim Backen.

Vanillesalz habe ich vor Jahren einmal während der Grillsaison für mich entdeckt. Sein leicht süßliches Aroma passt aber auch perfekt in die Herbst- und Winterküche.

Vanillesalz

ZUTATEN
4 Vanilleschoten
200 g grobes Meersalz

ZUBEREITUNG
Die Vanilleschoten längs aufschneiden und das Mark herauskratzen. 50 g grobes Meersalz mit dem Vanillemark und den ausgekratzten Schoten in einen leistungsstarken Mixer geben und zerkleinern. Mit dem restlichen Salz gut vermischen und in ein sauberes, luftdicht verschließbares Glas füllen.

HALTBARKEIT & VERWENDUNG
Das Vanillesalz ist bei richtiger Herstellung und Lagerung ca. 12 Monate haltbar und passt zu Fisch oder Kurzgebratenem oder verstärkt beispielsweise den Geschmack von Brownies oder karamellhaltigen Desserts.

Kaum eine Backzutat lässt sich so einfach selbst herstellen wie Vanillezucker. Aus nur zwei Zutaten entsteht mit etwas Geduld herrlich aromatischer Zucker, der jedes Rezept aufwertet.

Vanillezucker

ZUTATEN

2 Vanilleschoten
200 g Zucker

ZUBEREITUNG

Die Vanilleschote längs aufschneiden und das Mark herauskratzen. 50 g Zucker mit dem Vanillemark und der ausgekratzten Schote in einen leistungsstarken Mixer geben und zerkleinern. Mit dem restlichen Zucker gut vermischen und in ein sauberes, gut verschließbares Glas füllen.

HALTBARKEIT & VERWENDUNG

Ausgekratzte Vanilleschoten, etwa vom letzten Backrezept, können einfach in das Glas gegeben werden und entfalten dort ihr restliches Aroma. Der Zucker ist ungefähr 12 Monate haltbar.

Selbst gemachtes Marzipan ist schneller und einfacher herzustellen, als man denkt. Mit nur wenigen Zutaten und einem leistungsstarken Mixer lässt sich die Masse rasch zusammenrühren und ist deutlich erschwinglicher als fertiges Marzipan im Handel.

Marzipan

ZUTATEN

250 g Mandeln
250 g Puderzucker
30 ml Rosenwasser
½ Röhrchen Bittermandelaroma

ZUBEREITUNG

1. Die Mandeln mit heißem Wasser übergießen und 5–10 Minuten stehen lassen. Nun lässt sich die Mandelhaut ganz leicht abziehen. Anschließend die Mandeln gut trockentupfen und sehr fein mahlen.
2. Jetzt die Mandeln mit den restlichen Zutaten zu einer homogenen Masse verkneten und bis zur Weiterverarbeitung luftdicht im Kühlschrank aufbewahren.

HALTBARKEIT

In Frischhaltefolie eingewickelt hält sich das Marzipan im Kühlschrank ca. 1 Woche.

Zwischen gekauftem und selbst gemachtem Orangeat oder Zitronat liegen Welten. Der Geruch und auch der Geschmack von selbst gemachtem Orangeat und Zitronat ist intensiv fruchtig und passt gut zu klassischem Stollen und Stollenkonfekt.

Selbst gemachtes Orangeat & Zitronat

ZUTATEN FÜR ETWA JE 200 g

8 – 10 Bio-Orangen bzw. Bio-Zitronen
2 TL Salz
Wasser
Zucker (muss später abgewogen werden)
Puderzucker zum Bestäuben

TIPP

Die weiße Haut unter der Schale unbedingt so gut wie möglich entfernen. Sie enthält viele Bitterstoffe.

ZUBEREITUNG

1. Zunächst die Früchte heiß abwaschen und vorsichtig schälen, anschließend halbieren. Den Saft gut auspressen und von der Schale das übrige Fruchtfleisch sowie die weiße innere Haut entfernen. Die übrigbleibende Schale der Früchte in kleine Würfel schneiden. Einen mittelgroßen Topf mit Wasser und Salz zum Kochen bringen und die Schalenwürfel zugeben. Diese für 4–5 Minuten kochen, das Wasser wechseln und den Vorgang wiederholen. Anschließend kann das Wasser abgegossen werden.
2. Die Würfel gut abtropfen lassen, wiegen und in einer Schüssel mit der gleichen Menge Zucker mischen. Die Schalenwürfel zurück in einen Topf geben und Wasser aufgießen, bis diese gerade so bedeckt sind. Das Wasser zum Kochen bringen und für ca. 1 ½ Stunden bei mittlerer Hitze köcheln lassen. Das Wasser erneut abgießen und die Schalen abtropfen lassen. Diese auf einem mit Backpapier belegten Backblech verteilen und einige Stunden vollständig trocknen lassen.

HALTBARKEIT & VERWENDUNG

Mit Puderzucker bestäubt ist Orangeat & Zitronat in kleinen, gut verschließbaren Gläschen mehrere Wochen haltbar. Voraussetzung dafür ist, dass die Würfel komplett durchgetrocknet sind. Der Puderzucker verhindert das Zusammenkleben der einzelnen Würfel. Ihre Verwendung finden sie vor allem in der winterlichen Küche wie etwa bei Stollen, Früchtebrot, Lebkuchen und Kleingebäck.

Kürbisbutter hat nichts mit herkömmlicher Butter zu tun – lediglich die Konsistenz ist ähnlich. Ich verwende sie sehr gerne als Füllung in Hefeschnecken, als Topping zu Porridge oder auch als Brotaufstrich.

Kürbis-Apfelbutter

ZUTATEN FÜR 2 GLÄSER À 150 g

75 g Apfelmus
200 g Kürbispüree (Rezept Seite 37)
75 g Zucker
2 EL Apfeldicksaft (Rezept Seite 37; alternativ Apfelsaft)
30 g milder Honig
1 TL Zimt
1 Msp. Muskat
½ TL Ingwerpulver
1 Msp. gemahlene Nelken

ZUBEREITUNG

Alle Zutaten zusammen in einen mittelgroßen Topf geben, kurz aufkochen lassen und bei mittlerer Hitze unter Rühren für ca. 10 Minuten einkochen lassen. Noch heiß in saubere, gut verschließbare Gläser füllen.

HALTBARKEIT & VERWENDUNG

Im Kühlschrank aufbewahrt ist die Kürbisbutter 3–4 Wochen haltbar.

Habe ich das Glück, frische, schöne Bio–Orangen oder –Zitronen zu ergattern, ist es mir wichtig, nicht nur das Fruchtfleisch und den Saft zu verwenden. Aus den Schalen lässt sich mit nur wenig Aufwand aromatischer Extrakt herstellen.

Zitronen- oder Orangenextrakt

ZUTATEN

2 Bio-Zitronen oder Bio-Orangen
175 ml Wodka

ZUBEREITUNG

1. Die Bio-Zitronen oder -Orangen heiß waschen, gut abtrocknen und vorsichtig schälen.
2. Den Wodka in eine saubere, gut verschließbare Flasche füllen und die Zitronenschalen zugeben. Hier unbedingt darauf achten, dass alle Schalen gut mit Wodka bedeckt sind. Die Flasche gut verschließen und an einem dunklen und kühlen Ort für 4–6 Wochen stehen lassen. Die Flasche alle paar Tage etwas schütteln, damit sich das Zitrusaroma gut verteilen kann. Den Extrakt durch ein feines Küchensieb geben, die Flüssigkeit auffangen, zurück in die Flasche füllen und diese gut verschließen.

HALTBARKEIT & VERWENDUNG

Kühl und dunkel gelagert hält sich der Extrakt ca. 1 Jahr. Zitronen- oder Orangenextrakt lässt sich alternativ zu frischen Zitrusfrüchten in Gebäck und Süßspeisen verwenden.

Apfeldicksaft

Der Apfel ist eine der wenigen Obstsorten, welche gut eingelagert werden können und die demnach auch in der kalten Jahreszeit verfügbar sind. Seit ein paar Jahren bringe ich einen Teil der Äpfel, die wir geschenkt bekommen, zum Entsaften. Aus einem kleinen Teil des entstandenen Apfelsaftes koche ich mir Apfeldicksaft ein.

ZUTATEN FÜR CA. 250 ML

2 l naturtrüber Apfelsaft

ZUBEREITUNG

Den Apfelsaft in einem Topf bei niedriger Hitze 4–5 Stunden köcheln lassen, bis dieser zu Sirup eindickt. Den Apfeldicksaft noch heiß in saubere, gut verschließbare Flaschen füllen und im Kühlschrank aufbewahren.

HALTBARKEIT & VERWENDUNG

Der Apfeldicksaft ist eine gute, heimische Alternative zu Ahornsirup oder Agavendicksaft und lässt sich genauso verwenden.

Kürbispüree

Bereits zu Beginn der Kürbiszeit verarbeite ich die ersten Kürbisse zu selbst gemachtem Kürbispüree. In kleineren Gläschen vorportioniert, freue ich mich so die gesamte Herbst- und Winterzeit darüber und kann es schnell und einfach weiterverarbeiten.

ZUTATEN

1 kleinerer Hokkaidokürbis

ZUBEREITUNG

1. Den Backofen auf 180 °C Ober-/Unterhitze vorheizen.
2. Den Kürbis schälen, vierteln, die Kürbiskerne entfernen und das Fruchtfleisch in kleine Stücke schneiden. Diese auf ein mit Backpapier ausgelegtes Backblech legen und für ca. 45 Minuten bei 180 °C backen.
3. Die Kürbiswürfel nach der Backzeit etwas auskühlen lassen und anschließend fein pürieren.

HALTBARKEIT & VERWENDUNG

Kürbispüree wird im Herbst und Winter für viele Gerichte und Kuchen verwendet. Am besten also immer eine größere Menge Kürbispüree herstellen. In saubere Gläser abgefüllt ist es im Kühlschrank 1–2 Tage haltbar. Kürbispüree kann aber auch in kleineren Portionen – etwa in einem Eiswürfelbehälter – eingefroren werden. Diese dann portionsweise 15 Minuten vor Gebrauch aus dem Gefrierfach holen.

Wohlfühlrezepte für dich zum Selbstessen

Gibt es etwas Schöneres als bei nasskaltem, vielleicht sogar stürmischem Wetter zu Hause im Warmen zu sitzen und zu schlemmen? Sei es gemütlich alleine, zu zweit oder mit der ganzen Familie und Freunden ... Ich mag es sehr, mich selbst und auch meine Lieben kulinarisch zu verwöhnen. Jetzt in den kalten Monaten ist dafür genau die richtige Zeit. Es wird wieder mehr Zeit zu Hause verbracht und ein gemeinsames Abendessen oder eine Stunde beim Nachmittagskaffee kann in vollen Zügen genossen werden. Mal darf es da der wärmende Eintopf sein, der immer besser schmeckt, je länger er köcheln darf. Ein anderes Mal ist es der schnelle Flammkuchen, der winterlich interpretiert zum absoluten Liebling wird.

Die erste Kürbissuppe steht bei mir meist bereits in den allerersten Herbsttagen auf dem Tisch. Am liebsten verwende ich hier Hokkaido oder Butternut-Kürbis. Der Butternut-Kürbis ist wie der Hokkaido sehr aromatisch, schmeckt jedoch etwas süßlicher.

Butternut-Kokos-Suppe

ZUTATEN FÜR 4 PORTIONEN

600 g Butternut-Kürbis
Öl zum Anbraten
2 Knoblauchzehen
500 ml Gemüsebrühe (Rezept Seite 24)
400 g Kokosmilch
400 g Kichererbsen
50 g Speckwürfel
50 g brauner Zucker
Salz & Pfeffer
1 Msp. Muskat
½ Bund Blattpetersilie
100 g Crème fraîche
½ TL Chilipulver

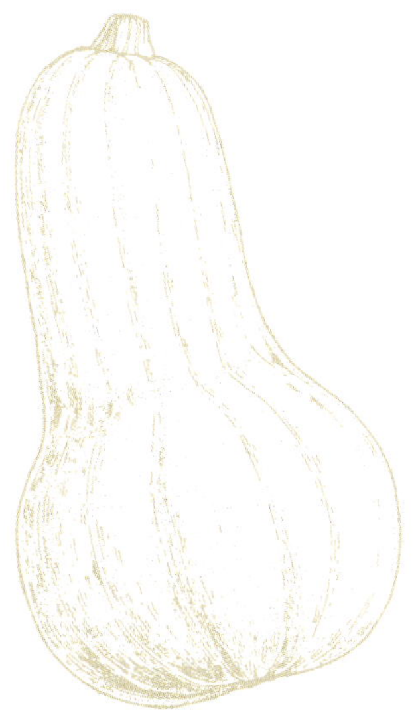

ZUBEREITUNG

1. Den Butternut-Kürbis schälen, entkernen und das Fruchtfleisch in mittelgroße Stücke schneiden. Diese in etwas Öl in einem größeren Topf unter Rühren einige Minuten anschwitzen. Die Knoblauchzehen schälen, durch eine Knoblauchpresse drücken, zum Kürbis in den Topf geben und kurz mitdünsten. Alles mit Gemüsebrühe und Kokosmilch aufgießen und mit geschlossenem Deckel ca. 30 Minuten bei mittlerer Hitze köcheln lassen.
2. In der Zwischenzeit die Kichererbsen abspülen und gut abtropfen lassen. Die Speckwürfel zusammen mit den Kichererbsen in einer beschichteten Pfanne unter mehrmaligem Wenden leicht anrösten. Den braunen Zucker darüberstreuen und kurz karamellisieren lassen.
3. Die Suppe im Topf fein pürieren, mit Salz, Pfeffer und Muskat abschmecken und noch heiß auf vier Teller verteilen. Die Blattpetersilie grob hacken. Die Crème fraîche mit Chilipulver, Salz und Pfeffer abschmecken und jeweils einen Klecks auf jeden Teller setzen. Mit Kichererbsen und Speckwürfeln garnieren und die Blattpetersilie darüberstreuen.

Kein Herbst ohne Maronen. Vakuumiert und vorgegart lassen sich die Edelkastanien leicht zubereiten und eignen sich so wunderbar für die etwas ausgefallenere Feierabendküche.

Maronenrisotto

ZUTATEN FÜR 2 PORTIONEN

1–2 Schalotten
1 Knoblauchzehe
Olivenöl zum Anbraten
200 g vakuumierte, vorgegarte Maronen
100 g Risottoreis
75 ml Weißwein
ca. 425 ml heiße Gemüsebrühe
1 kleinerer Apfel
100 g Speckwürfel
¼ TL Knoblauchpaste (Rezept Seite 17), alternativ 1 Knoblauchzehe
1 TL Honig
ca. 20 g Butter
75 g frisch geriebener Parmesan

ZUBEREITUNG

1. Zuerst die Schalotten und die Knoblauchzehe klein schneiden und in etwas Olivenöl im Topf leicht glasig andünsten. Die Maronen grob hacken. Anschließend den Risottoreis und die Maronen zugeben und kurz mitbraten. Nun alles mit Weißwein ablöschen und kurz reduzieren.
2. Dann die Gemüsebrühe schlückchenweise zufügen, immer so weit, dass der Risottoreis gerade so bedeckt ist, dabei öfter umrühren und mit offenem Deckel köcheln lassen. So ungefähr 20 Minuten weiterverfahren, bis der Risottoreis gar ist.
3. In der Zwischenzeit den Apfel in dünne Spalten schneiden und zusammen mit den Speckwürfeln und der Knoblauchpaste in einer beschichteten Pfanne leicht bräunen. Anschließend den Honig darauf verteilen.
4. Zum Schluss die Butter und den Parmesan unter das Risotto heben. Wenn nötig, mit etwas Salz und Pfeffer nachwürzen und mit den Apfelscheiben anrichten.

Die Schwarzwurzel ist eine heimische Wurzelgemüsesorte und wird auch Winterspargel genannt. Sie ist frisch etwas aufwendiger zu verarbeiten, mittlerweile jedoch alternativ auch im Glas erhältlich. Ihr nussiger Geschmack passt zu Pasta und cremigen Saucen.

Schwarzwurzelpasta mit cremiger Parmesansauce und Nussbröseln

ZUTATEN FÜR 2 PORTIONEN

PASTA

250–300 g Schwarzwurzeln (alternativ Schwarzwurzeln aus dem Glas)
ca. 300 g Mezzi Rigatoni

SAUCE

1–2 kleine Schalotten
2 Knoblauchzehen
Öl zum Anbraten
30 ml Weißwein
250 ml Sahne
80 g frisch geriebener Parmesan
Salz & Pfeffer
Muskat

BRÖSEL

2 EL Butter
1 EL Semmelbrösel
1 EL gemahlene Haselnüsse
1 EL frisch geriebener Parmesan
2 EL frische Blattpetersilie

ZUBEREITUNG

1. Als Erstes unbedingt Handschuhe anziehen – die Schwarzwurzeln färben ab! Die Schwarzwurzeln unter fließendem Wasser gut abschrubben und anschließend mit Hilfe eines Sparschälers schälen. Die Wurzeln dann schräg in etwa 1–2 cm dicke Scheiben schneiden.
2. Die Schalotten und die Knoblauchzehen schälen und fein würfeln. Beides zusammen mit den Schwarzwurzelscheiben in einer beschichteten Pfanne in etwas Öl farblos andünsten, mit Weißwein ablöschen und kurz reduzieren. Mit Sahne aufgießen. Den Parmesan unterrühren, mit Salz, Pfeffer und Muskat abschmecken und für 10–15 Minuten köcheln lassen.
3. Einen größeren Topf mit Salzwasser zum Kochen bringen und die Rigatoni darin 10–12 Minuten kochen.
4. Die Butter für die Nussbrösel in einer weiteren Pfanne zerlassen, die Semmelbrösel und die gemahlenen Haselnüsse zugeben und vorsichtig bräunen. Den Parmesan untermengen, die Blattpetersilie kurz unter fließendem Wasser waschen, fein hacken und ebenfalls zugeben.
5. Die Rigatoni abgießen und zur Sahnesauce in die Pfanne geben. Auf tiefen Tellern anrichten und mit Nussbröseln bestreut noch heiß servieren.

Flammkuchen sind hier bei allen Familienmitgliedern sehr beliebt. Der Teig lässt sich gut vorbereiten und der Belag ist sehr wandelbar. Die winterliche Variante mit Spitzkohl, Feta und Walnüssen schmeckt auch kalt am nächsten Tag.

Kleine Flammkuchen mit karamellisiertem Spitzkohl, Fetacreme und Walnüssen

ZUTATEN FÜR 2 PORTIONEN

TEIG

350 g Mehl Type 405
40 ml Olivenöl
½ TL Salz
180 ml warmes Wasser

BELAG

2 kleinere rote Zwiebeln
Öl zum Anbraten
2 EL brauner Zucker
250 g Spitzkohl
Salz & Pfeffer
50 g gehackte Walnüsse
1 Knoblauchzehe
100 g Crème fraîche
50 g Feta

ZUBEREITUNG

1. Alle Teigzutaten in einer größeren Schüssel zu einem glatten Teig verkneten, zu einer Kugel formen und für ca. 30 Minuten kalt stellen.
2. Die roten Zwiebeln schälen und in feine Ringe schneiden. Diese in einer beschichteten Pfanne in etwas neutralem Öl glasig andünsten, mit braunem Zucker bestreuen und kurz karamellisieren lassen. Währenddessen die äußeren Blätter des Spitzkohls und den Strunk entfernen. Den Rest in schmale Streifen schneiden, zu den Zwiebelringen in die Pfanne geben und bei geschlossenem Deckel mitdünsten. Alles mit Salz und Pfeffer abschmecken und die gehackten Walnüsse zugeben.
3. Die Knoblauchzehe schälen. Diese mit Crème fraîche, Salz, Pfeffer und Feta in einen leistungsstarken Mixer geben und zu einer Creme verarbeiten.
4. Den Backofen auf 180 °C Umluft vorheizen.
5. Den Teig aus dem Kühlschrank nehmen, in zwei Portionen teilen und jeweils dünn und kreisrund auf einer bemehlten Arbeitsfläche auswellen.
6. Die Flammkuchenrohlinge auf ein mit Backpapier ausgelegtes Backblech geben und mit jeweils der Hälfte der Creme bestreichen. Den karamellisierten Spitzkohl auf der Creme verteilen.
7. Die Flammkuchen bei 180 °C Umluft für ca. 15–20 Minuten backen.

Eine wärmende Suppe steht jede Woche mindestens einmal auf unserem Speiseplan. Die Kombination aus gemischten Pilzen und Maronen schmeckt herrlich nussig.

Feine Pilz-Maronencremesuppe mit Petersilien-Gremolata

ZUTATEN FÜR 2–3 PORTIONEN

SUPPE

2 Schalotten
200 g gemischte frische Pilze (z. B. Champignons, Steinpilze …)
300 g vakuumierte, vorgekochte Maronen
Öl zum Anbraten
75 ml Weißwein
500 ml Gemüsebrühe
400 ml Sahne
Salz & Pfeffer
100 g Crème fraîche

GREMOLATA

½ Bund Blattpetersilie (etwa 4 EL)
2 EL Olivenöl
1 TL Zitronenzesten
2 EL Walnusshälften
1–2 Knoblauchzehen

ZUBEREITUNG

1. Die Schalotten schälen und klein schneiden. Die Pilze mit einer Pilzbürste grob säubern und in kleine Würfel schneiden. Die Maronen ebenfalls klein schneiden. Die Schalottenwürfel in etwas neutralem Öl glasig anschwitzen. Die Maronen und die Pilze zugeben, alles mit dem Weißwein ablöschen, kurz reduzieren und mit der Gemüsebrühe aufgießen. Alles aufkochen lassen und bei geschlossenem Deckel für ca. 30 Minuten leicht köcheln lassen, bis die Maronen weich sind.
2. In der Zwischenzeit die Gremolata herstellen. Hierzu alle Zutaten in einem Mörser grob zermahlen und kurz ziehen lassen.
3. Die Sahne zugeben, alles fein pürieren und mit Salz und Pfeffer abschmecken. Die Suppe auf die Teller verteilen und jeweils einen Klecks Crème fraîche und etwas Petersilien-Gremolata zugeben.

Diese einfache Suppe mag ich im Herbst besonders gerne. Dank der Äpfel hat sie ein wunderbares, leicht süßliches Aroma, ist schnell gemacht und herrlich vielseitig. Die Menge an Petersilienwurzeln, Äpfeln und Kartoffeln variiere ich gerne – je nachdem, was mein Vorrat hergibt.

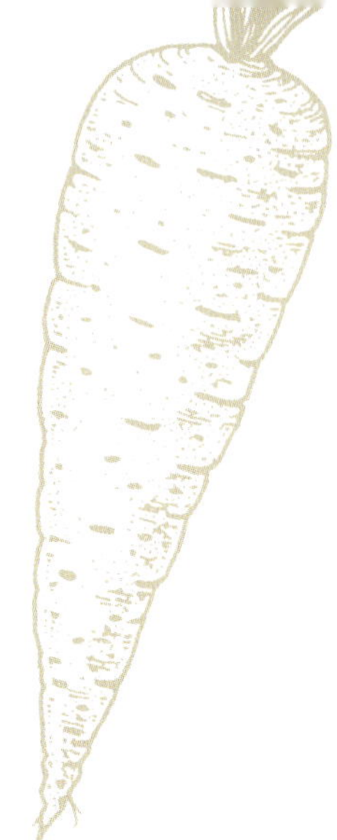

Petersilienwurzelsuppe

ZUTATEN FÜR 4 PORTIONEN

SUPPE

2 Schalotten
Öl zum Anbraten
400 g Petersilienwurzeln
175 g säuerliche Äpfel
200 g Kartoffeln
50 ml Weißwein
700 ml Gemüsebrühe
200 ml Sahne
1–2 TL Salz
½ TL Pfeffer
1–2 Msp. Muskat
1 TL Curry

TOPPING

1 Handvoll Petersilienwurzelschalen
Salz & Pfeffer
3–4 EL Paniermehl
Butter zum Ausbacken
etwas Blattpetersilie zum Garnieren

ZUBEREITUNG

1. Die Schalotten schälen, in kleine Würfel schneiden und in etwas Öl in einem mittelgroßen Topf anschwitzen. Die Petersilienwurzeln gründlich waschen, schälen, in kleine Würfel schneiden und zu den Schalotten in den Topf geben. Die Schalen für das spätere Suppentopping beiseitestellen.
2. Die Äpfel entkernen und in kleine Würfel schneiden. Die Kartoffeln schälen und ebenfalls klein schneiden. Beides mit in den Topf geben, kurz scharf anbraten, mit dem Weißwein ablöschen und kurz einreduzieren lassen. Alles mit der Gemüsebrühe aufgießen und bei geschlossenem Deckel für ca. 30 Minuten weich kochen.
3. In der Zwischenzeit für das Topping die Schalen der Petersilienwurzeln leicht anfeuchten, salzen und pfeffern und in Paniermehl wenden. Die Streifen in reichlich Butter in einer beschichteten Pfanne goldbraun ausbacken.
4. Die noch heiße Suppe pürieren, die Sahne zugeben, mit Salz, Pfeffer, Muskat und Curry würzen und auf vier Teller verteilen. Die Petersilienwurzel-Schalen dazugeben und mit etwas Blattpetersilie garnieren.

Pizza darf für mich auch im Winter nicht fehlen. Meinen Pizzateig mache ich bereits seit vielen Jahren gleich. In den kälteren Monaten darf der Belag dann gerne mal vom klassischen abweichen. Dank dem Kartoffelbelag ist diese Pizza ein echter Sattmacher und perfekt, um einen regnerischen Abend auf dem Sofa zu verbringen.

Kartoffelpizza mit Knoblauchöl und Rosmarin

ZUTATEN FÜR 2–3 PIZZEN

TEIG

½ Würfel Hefe
225 ml lauwarmes Wasser
420 g Pizzamehl (Type 00)
10 g Salz
2 EL Olivenöl

BELAG

200 g Mascarpone
50 g Parmesan
grobes Meersalz & Pfeffer
250 g neue, kleinere Kartoffeln
1–2 rote Zwiebeln
Knoblauchöl zum Beträufeln
2 EL frischer Rosmarin

ZUBEREITUNG

1. Für den Pizzateig zunächst die Hefe in lauwarmem Wasser auflösen und kurz für 5 Minuten ruhen lassen. Die restlichen Zutaten zugeben, mit den Händen rasch zu einem geschmeidigen Teig kneten, diesen zu einer Kugel formen und in einer bemehlten Schüssel ca. 1 Stunde an einem warmen Ort ruhen lassen. Die Schüssel am besten mit einem sauberen Geschirrtuch abdecken.
2. Hat sich der Pizzateig ungefähr verdoppelt, diesen nochmals kurz mit den Händen durchkneten und auf einer bemehlten Arbeitsfläche mit einem Nudelholz kreisrund dünn auswellen.
3. Den Backofen auf 180 °C Ober-/Unterhitze vorheizen.
4. Den Mascarpone mit dem Parmesan verrühren, mit Salz und Pfeffer würzen und gleichmäßig auf dem Pizzaboden verteilen. Die Kartoffeln waschen, mit Schale in dünne Scheiben schneiden und diese ebenfalls darauf verteilen. Die roten Zwiebeln schälen, in feine Ringe schneiden und ebenfalls verteilen. Alles mit Knoblauchöl beträufeln und mit Salz, Pfeffer und Rosmarin würzen.
5. Die Pizza im vorgeheizten Backofen für ca. 25 Minuten backen, bis die Kartoffelscheiben gar sind und der Teigrand goldbraun gebacken ist.

Der Hokkaidokürbis hat sich bei uns jahrelang im Hochbeet ausgebreitet und sich dort sichtlich wohlgefühlt. Die Ernte war gut und demnach mussten etliche Rezepte her. Eines meiner liebsten ist dieses hier.

Bandnudeln mit Ricotta-Kürbis-Sauce

ZUTATEN FÜR 2 PORTIONEN

2–3 Schalotten
Öl zum Anbraten
250 g Rinderhack
400 g Hokkaidokürbis
2 Knoblauchzehen
75 ml Weißwein
2 TL Gemüsebrühpulver (Rezept Seite 18)
250 g Bandnudeln
Salz
75 g Ricotta

ZUBEREITUNG

1. Zunächst die Schalotten schälen, in kleine Würfel schneiden und in etwas Öl in einer beschichteten Pfanne kurz andünsten. Das Rinderhack zugeben und krümelig anbraten.
2. Den Hokkaidokürbis halbieren, von seinen Kernen befreien und in einem leistungsstarken Mixer zerkleinern. Das zerkleinerte Kürbisfleisch zum Hackfleisch in die Pfanne geben und mitbraten. Die Knoblauchzehen schälen und durch eine Knoblauchpresse in die Pfanne drücken. Den Weißwein mit dem Gemüsebrühpulver verrühren, das Hack-Kürbisgemisch damit ablöschen und kurz reduzieren.
3. Währenddessen die Bandnudeln in kochendem Salzwasser kochen.
4. Zum Schluss den Ricotta zur Sauce geben, alles gut durchrühren und mit Salz abschmecken. Die Bandnudeln nach Ende der Kochzeit abgießen und sofort zur Sauce in die Pfanne geben, gut untermischen und noch heiß servieren.

Richtig gute Ravioli selbst machen geht einfacher als man denkt. Der Teig besteht aus nur wenigen Zutaten und die Füllvarianten sind nahezu unendlich. In der Winterzeit bevorzuge ich cremig–würzige Füllungen mit viel Knoblauch.

Ravioli mit Pilzfüllung

ZUTATEN FÜR 4 PORTIONEN

RAVIOLI
500 g Mehl
6 Eier
1 EL Olivenöl
½ TL Salz

FÜLLUNG
1 Schalotte
etwas neutrales Öl zum Anbraten
150 g Rinderhack
2 Knoblauchzehen
150 g gemischte Pilze
80 g milder Ziegenfrischkäse
1–2 TL flüssiger Honig
80 g Parmesan

AUẞERDEM
1 Ei
Salz
etwas zerlassene Butter zum Schwenken
Parmesan zum Bestreuen

ZUBEREITUNG

1. Das Mehl auf einer sauberen Arbeitsfläche aufhäufen. Mittig eine Mulde formen und die Eier hineinschlagen. Olivenöl und Salz zugeben und alles mit den Händen zu einem glatten Teig verkneten. In Frischhaltefolie für 30 Minuten im Kühlschrank ruhen lassen.
2. Die Schalotte für die Füllung schälen, fein würfeln und mit etwas Öl in einer beschichteten Pfanne andünsten. Das Rinderhack zugeben und unter gelegentlichem Wenden krümelig anbraten. Die Knoblauchzehen schälen, durch eine Presse drücken und zum Hackfleisch in die Pfanne geben. Die gemischten Pilze säubern, z. B. mit einer Pilzbürste, in feine Würfel schneiden und zum Rest in die Pfanne geben. Haben auch die Pilze etwas Farbe angenommen, den Ziegenfrischkäse, den Honig und den Parmesan zugeben und unterrühren. Ist der Pfanneninhalt noch zu flüssig, diesen nochmals einige Minuten reduzieren. Die gesamte Masse für wenige Sekunden in einen leistungsstarken Mixer geben, bis eine homogene Füllmasse entsteht. Diese beiseitestellen und gut abkühlen lassen.
3. Den Teig auf einer leicht bemehlten Arbeitsfläche dünn auswellen und Kreise mit einem Durchmesser von etwa 8 cm ausstechen. Jeweils mit 2 TL ausgekühlter Füllung befüllen, dabei die Teigränder aussparen und diese mit einem verquirlten Ei bestreichen. Die Teiglinge auf die Hälfte zusammenklappen und die Ränder mit Hilfe einer Gabel vorsichtig zusammendrücken.
4. In einem größeren Topf Salzwasser zum Kochen bringen, auf mittlere Hitze herunterschalten und die Ravioli darin für 4–5 Minuten gar kochen. Die Ravioli vorsichtig abschöpfen, noch heiß in etwas zerlassener Butter schwenken und mit Parmesan bestreuen.

Fenchel hat etwa von September bis November Saison und wird im Herbst bei uns dementsprechend gerne gegessen. Das Fenchelgrün verwende ich gerne mit. Sein Geschmack erinnert etwas an Dill und es kann gut zum Würzen verwendet werden.

Strudel-Pie mit cremigem Fenchel und Hähnchen

ZUTATEN FÜR 4–6 PORTIONEN

PIE

4 Hähnchenkeulen
3 Schalotten
1 Knoblauchzehe
Salz & Pfeffer
1 TL Currypulver
1 Lorbeerblatt
30 ml Weißwein
1 kleinerer Fenchel + Fenchelgrün
neutrales Öl zum Anbraten und Bestreichen
2 Eier
200 ml Sahne
1–2 EL Mehl
1 Bund glatte Petersilie
1 Pck. Filoteig

AUßERDEM

1 Ei
1–2 EL Sesam

ZUBEREITUNG

1. Die Hähnchenkeulen abspülen und trocken tupfen. 2 der Schalotten und die Knoblauchzehe schälen, fein würfeln und zusammen mit den Hähnchenkeulen, Salz & Pfeffer, dem Currypulver und dem Lorbeerblatt in einen größeren Topf geben. Den Weißwein zugeben und kurz reduzieren. Alles mit ca. 700 ml Wasser aufgießen und mit Deckel ca. 1 Stunde leicht köcheln lassen, bis die Hähnchenkeulen gar sind.
2. In der Zwischenzeit den Fenchel putzen, halbieren, den Strunk entfernen und den Fenchel in kleine Würfel schneiden. Die restliche Schalotte schälen, in feine Ringe schneiden und zusammen mit den Fenchelstücken in einer beschichteten Pfanne in etwas Öl dünsten, bis der Fenchel weich wird.
3. Die Keulen aus dem Sud nehmen, etwas abkühlen lassen und das Fleisch mit den Händen von Haut und Knochen lösen und in kleine Stücke zupfen. Währenddessen die Garflüssigkeit im Topf ohne Deckel etwas reduzieren und anschließend auskühlen lassen.
4. Die Eier mit der Sahne und dem Mehl in einer Schüssel verquirlen, die Blattpetersilie und das Fenchelgrün grob zerkleinern und unterheben. Zerkleinertes Fleisch, Fenchelgemüse und ca. 100 ml des eingekochten Fonds zugeben und kurz verrühren.
5. Den Backofen auf 180 °C Umluft vorheizen und 4–6 kleine ofenfeste Auflaufformen gründlich einfetten.
6. 5–7 Filoteigblätter einzeln fächerartig in der Form auslegen und großzügig mit Öl bestreichen. Ringsherum sollten die Teigblätter etwas aus der Form herausstehen. Die Füllung in die Formen geben und die Teigränder nach innen klappen. Die restlichen Teigblätter ebenfalls mit Öl einstreichen und die Füllung damit komplett bedecken. Die Pies mit einem verquirlten Ei einstreichen und mit Sesam bestreuen. Im Ofen für 45 Minuten backen, kurz auskühlen lassen und lauwarm genießen.

1 teaspoon

Bei Gulasch halte ich es wie bei Saucen. Je länger und gleichmäßiger ich sie köcheln und ziehen lasse, desto besser werden sie. Mein Gulasch bereite ich also gerne am Abend vorher zu oder setze es frühmorgens an und lasse es den Tag über köcheln.

Wildgulasch mit Semmelknödeln

ZUTATEN FÜR 5–6 PORTIONEN

GULASCH

2–3 Schalotten
Öl zum Anbraten
1 kg Rindergulasch
Salz & Pfeffer
1–2 TL Paprikapulver
2 EL Tomatenmark
250 ml Rotwein
500 ml Kalbsfond
2–3 Lorbeerblätter
2 Gewürznelken
2 Wacholderbeeren
1 Prise Zimt
2 TL Backkakao
evtl. etwas Speisestärke zum Binden

SEMMELKNÖDEL

500 g Mehl
125 g Butter
7 Eier
125 ml Mineralwasser
1 TL Salz + etwas für das Kochwasser
250 g gewürfeltes Knödelbrot

ZUBEREITUNG

1. Die Schalotten schälen und in feine Würfel schneiden.
2. Etwas Öl in einem größeren Topf oder Bräter erhitzen und die Schalottenwürfel darin von allen Seiten scharf anbraten. Das Gulasch zugeben und von allen Seiten scharf anbraten. Mit Salz, Pfeffer und Paprikapulver würzen, das Tomatenmark zugeben und kurz mitrösten. Mit Rotwein ablöschen und etwas reduzieren. Anschließend den Kalbsfond aufgießen. Lorbeerblätter, Nelken und Wacholderbeeren zugeben, alles kurz aufkochen lassen und bei geschlossenem Deckel 1–2 Stunden leicht köcheln lassen.
3. Die Gewürze herausnehmen und den Zimt und den Backkakao zugeben. Das Gulasch evtl. mit etwas Speisestärke binden, bis es die gewünschte Sämigkeit erhält.
4. Für die Semmelknödel zunächst einen einfachen Spätzleteig herstellen. Hierzu das Mehl in eine größere Schüssel geben. Die Butter in einem kleineren Topf auf dem Herd bei geringer Hitze vorsichtig schmelzen. Geschmolzene Butter, Eier, Mineralwasser und Salz zum Mehl in die Schüssel geben und mit einem Holzkochlöffel zügig zu einem glatten Teig verarbeiten, der zäh vom Löffel fällt. Zum Schluss das Knödelbrot unter den Teig heben. Die Masse ca. 30 Minuten ziehen lassen und anschließend mit gut bemehlten Händen zu Knödeln formen.
5. Salzwasser in einem großen Topf zum Kochen bringen, die rohen Knödel vorsichtig zugeben und die Hitze herunterschalten. Das Wasser sollte lediglich leicht köcheln. Die Knödel so im Salzwasser 15–20 Minuten ziehen lassen, herausnehmen und noch heiß zum Gulasch servieren.

Selbst gemachte Kürbisgnocchi haben eine unvergleichliche nussig-würzige Note. Ich serviere sie am liebsten mit einer schnell gemachten Salbeibutter oder einem einfachen Petersilien-Walnusspesto.

Kürbisgnocchi mit Petersilien-Walnusspesto

ZUTATEN FÜR 2 PORTIONEN

TEIG

350 g Hokkaidokürbis
250 g mehligkochende Kartoffeln
1 Lorbeerblatt
1 Prise Zimt
1 Prise Nelkenpulver
1 Prise Muskat
1 TL Salz
1 Ei
175 g Mehl

PESTO

2 Knoblauchzehen
125 g Walnusskerne
25 g Pinienkerne
½ Bund glatte Petersilie
50 g Olivenöl
75 g Ricotta
75 g Parmesan
Salz & Pfeffer

ZUBEREITUNG

1. Den Hokkaidokürbis und die Kartoffeln schälen, in kleine Würfel schneiden und unter Zugabe von genügend Wasser und einem Lorbeerblatt in einem mittelgroßen Topf ca. 15 Minuten gar kochen.
2. Durch ein Sieb abgießen und die Kartoffel- und Kürbiswürfel mit einem Kartoffelstampfer zerstampfen. Die Masse mit Zimt, Nelkenpulver, Muskat und Salz gut würzen. Jetzt das Ei und das Mehl zugeben, bis eine nicht zu feuchte Masse entsteht und der Teig gut in seiner Form bleibt.
3. Mit den Händen nun den Teig auf einer bemehlten Fläche zu einer Rolle mit etwa 1 cm Durchmesser rollen. Diese in ca. fingerdicke Stücke schneiden und mit einer Gabel vorsichtig andrücken.
4. Die Gnocchi in siedendem Salzwasser ca. 3–4 Minuten gar ziehen lassen, bis sie beginnen an der Oberfläche zu schwimmen.
5. Für das Walnusspesto währenddessen alle Zutaten in einen leistungsstarken Mixer geben, zerkleinern und mit Salz und Pfeffer abschmecken. Das Pesto sofort unter die noch heißen Gnocchi heben und servieren.

TIPP

Frische Gnocchi können im Rohzustand ganz einfach eingefroren werden. Um das Zusammenkleben im Gefrierfach zu verhindern, kann jeweils ein Stück Backpapier zwischen die einzelnen Gnocchi-Schichten gelegt werden. So lassen sie sich ganz einfach einzeln bei Bedarf entnehmen.

Dieser Eintopf ist das perfekte Essen nach einem ausgiebigen Spaziergang im Winter. Er kommt nur mit wenigen Zutaten aus und wärmt schön von innen.

Schneller Grünkohl-Kartoffeleintopf mit Chorizo

ZUTATEN FÜR 4 PORTIONEN

2 Zwiebeln
800 g mehligkochende Kartoffeln
200 g Chorizo
Öl zum Anbraten
1 TL Knoblauchpaste aus dem Ofen (Rezept Seite 17)
2 TL Gemüsebrühpulver (Rezept Seite 18)
2 Handvoll Grünkohlblätter
Salz & Pfeffer

ZUBEREITUNG

1. Die Zwiebeln und die Kartoffeln schälen und in kleine Würfel schneiden. Die Chorizo ebenfalls klein schneiden.
2. Etwas Öl in einem größeren Topf erhitzen. Die Zwiebel- und die Chorizowürfel kurz anbraten und gegen Ende die Knoblauchpaste zugeben. Die Kartoffelwürfel zugeben. Mit ca. 1,5 l Wasser aufgießen und das Gemüsebrühpulver einrühren. Den Suppenansatz bei geschlossenem Deckel ca. 20–30 Minuten köcheln lassen, bis die Kartoffeln weich sind. Diese anschließend mit einem Kartoffelstampfer grob zerdrücken.
3. Den Grünkohl gründlich waschen und die dicken Blattrippen herausschneiden. Den Rest in dünne Streifen schneiden, in kochendem Wasser 5 Minuten blanchieren, herausnehmen und kalt abschrecken. Den Grünkohl zur Suppe in den Topf geben und nochmals 15–20 Minuten köcheln lassen. Mit Salz und Pfeffer abschmecken.

Cremige Pastarezepte gehören in der kalten Jahreszeit zu meinen Lieblingen. Sie sind schnell zubereitet und können entspannt direkt aus dem Lieblingssessel gegessen werden. Der aromatische Gorgonzola harmoniert hier perfekt mit der leichten Süße der Birne.

Spaghetti mit Hähnchen und Birnen-Gorgonzola-Sauce

ZUTATEN FÜR 2 PORTIONEN

PASTA
250 g Spaghetti
Salz

SAUCE
1–2 Schalotten
1 Knoblauchzehe
Öl zum Anbraten
200 g Hähnchenfilet-Streifen
1 kleinere, reife Birne
2–3 EL Weißwein
100 ml Hühnerfond
200 ml Sahne
150 g Gorgonzola
30 g Parmesan
Salz & Pfeffer
Muskat

ZUBEREITUNG

1. Für die Spaghetti einen größeren Topf mit Salzwasser zum Kochen bringen. Die Spaghetti ca. 8–10 Minuten kochen.
2. Für die Sauce die Schalotten und die Knoblauchzehe schälen und in feine Würfel schneiden. Etwas Öl in einer beschichteten Pfanne erhitzen, die Schalotten- und die Knoblauchwürfel wie auch die Hähnchenfilet-Streifen zugeben und unter gelegentlichem Wenden kurz anbraten.
3. Währenddessen die Birne schälen, vom Kerngehäuse befreien, ebenfalls in feine Würfel schneiden und zugeben. Alles mit dem Weißwein ablöschen, kurz einreduzieren und mit dem Fond und der Sahne aufgießen. Den Gorgonzola in kleine Stücke schneiden und zur Sahnesauce in die Pfanne geben. Diese mit Parmesan, Salz, Pfeffer und Muskat abschmecken.
4. Die Spaghetti abgießen und sofort zur Birnen-Gorgonzola-Sauce in die Pfanne geben. Noch heiß in tiefen Tellern servieren.

Risotto aus Perlgraupen ist ziemlich außergewöhnlich. Das leicht nussig schmeckende Getreide war früher ein Arme-Leute-Essen und kann auch als Alternative zu Reis in Suppen und Eintöpfen verwendet werden.

Graupenrisotto mit Fenchel und Honig-Knoblauch-Lachs

ZUTATEN FÜR 3–4 PORTIONEN

RISOTTO

1 kleine Zwiebel
1 Knoblauchzehe
Öl zum Anbraten
250 g Fenchel
250 g Perlgraupen
75 ml Weißwein
800 ml Gemüsebrühe
100 g frisch geriebener Parmesan
+ etwas zum Bestreuen
50 ml Sahne
3–4 Butterflöckchen

LACHS

50 g Butter
2–3 Knoblauchzehen
3 EL Honig
1 TL Zitronensaft
3 EL gemischte Kräuter nach Wahl
250 g Lachsfilet ohne Haut
Salz & Pfeffer

ZUBEREITUNG

1. Zuerst die Zwiebel und die Knoblauchzehe schälen und in feine Würfel schneiden. Etwas Öl in einem mittelgroßen Topf erhitzen und beides darin farblos andünsten.
2. Den Fenchel putzen und fein würfeln. Den gewürfelten Fenchel in den Topf geben und mitdünsten. Kurz darauf die Perlgraupen zugeben und ebenfalls mitdünsten. Jetzt alles mit dem Weißwein ablöschen und kurz einreduzieren. Die Gemüsebrühe immer so weit zugießen, dass die Perlgraupen gerade so damit bedeckt sind. Dabei öfter umrühren und das Risotto ohne Deckel ca. 30 Minuten köcheln lassen, bis die Graupen gar sind und die Flüssigkeit vollständig eingezogen ist.
3. In der Zwischenzeit den Lachs zubereiten. Hierfür die Butter in einer beschichteten Pfanne schmelzen. Die Knoblauchzehen schälen, fein würfeln und zusammen mit dem Honig, dem Zitronensaft und den gemischten Kräutern zur Butter in die Pfanne geben. Den Lachs zugeben und von beiden Seiten kurz anbraten, bis dieser gar ist. Dabei den Lachs immer wieder mit der Kräuterbutter übergießen. Mit Salz und Pfeffer würzen.
4. Das Risotto zum Schluss noch mit Parmesan, Sahne und Butterflöckchen abschmecken. Den Honiglachs auf das Risotto legen, alles mit Parmesan bestreuen und servieren.

Wirsing ist für mich ein typisches Wintergemüse. Er schmeckt mild-würzig und hat ein deutlich angenehmeres Kohlaroma als manch andere Kohlarten, was auch der Grund ist, warum ich ihn so gerne in der Küche verarbeite.

Wirsing-Kartoffelstrudel

ZUTATEN FÜR 1 STRUDEL

ca. 300 g festkochende Kartoffeln
80–100 g Butter
1 Zwiebel
Öl zum Anbraten
2 Knoblauchzehen
ca. 10 größere Wirsingblätter
½ Pck. Filoteig (Kühlregal)
2 Eier
ca. 100 ml Sahne
Salz & Pfeffer
50 g Parmesan
2–3 EL Semmelbrösel
Sesamsamen zum Bestreuen

Tipp

Dazu passt ein leichter Dipp aus Naturjoghurt oder Crème fraîche mit etwas Salz, Pfeffer und Kräutern verfeinert.

ZUBEREITUNG

1. Für die Füllung die Kartoffeln schälen, in grobe Stücke schneiden und in ausreichend Wasser ca. 20–30 Minuten gar kochen.
2. In einem kleinen Topf die Butter zum Schmelzen bringen.
3. In der Zwischenzeit die Zwiebel schälen und in kleine Würfel schneiden. Diese in etwas Öl glasig dünsten und nach 3–4 Minuten die Knoblauchzehen dazupressen. Den dicken Strunk aus den Wirsingblättern schneiden, diese in dünne Streifen schneiden und zum Zwiebel-Knoblauchgemisch in die Pfanne geben. Bei geschlossenem Deckel ca. 5 Minuten bei leichter Hitze zusammenfallen lassen.
4. Den Filoteig nun aus dem Kühlschrank nehmen und das erste Teigblatt auf einem mit Backpapier ausgelegten Backblech ausbreiten.
5. Die Kartoffeln nach dem Kochen kurz abkühlen lassen, in kleine Würfel schneiden und mit in die Pfanne geben. Die Eier kurz mit der Sahne verquirlen und ordentlich mit Salz und Pfeffer würzen. Die Pfanne vom Herd nehmen und die Sahne-Mischung unterheben. Den Parmesan zugeben und nochmals gut durchmischen.
6. Den Backofen auf 160 °C Umluft vorheizen.
7. Die erste Lage des Filoteiges großzügig mit der geschmolzenen Butter bestreichen und so mit allen vier Lagen verfahren und diese aufeinanderlegen. Die vierte Lage zusätzlich mit Semmelbröseln bestreuen. Jetzt die abgekühlte Füllung längs als Streifen auf den Teig geben und diesen vorsichtig zu einer großen Rolle aufrollen. Diese nochmals gut mit Butter bestreichen und mit Sesam bestreuen. Im Backofen ca. 25–30 Minuten bei 160 °C Umluft backen, bis sich der Teig goldgelb färbt.

Lange kannte ich eine Galette nur mit süßem Belag. Diese Variante steht dem süßen Klassiker aber in nichts nach und führt dazu, dass die gesamte Familie sogar den eigentlich eher ungeliebten Grünkohl in kürzester Zeit verputzt.

Grünkohlgalette

ZUTATEN FÜR 1 GALETTE

TEIG

300 g Mehl
150 g Butter
2–3 EL Milch
1 Ei
¼ TL Salz

FÜLLUNG

1 Zwiebel
Öl zum Anbraten
1 EL Honig
2 Handvoll Grünkohl
100 g Schmand
Salz & Pfeffer
1 verquirltes Ei zum Bestreichen
Sesam zum Bestreuen
½ Mozarellakugel

ZUBEREITUNG

1. Für den Teig alle Zutaten miteinander verkneten, zu einer Kugel formen und kurz kalt stellen. Anschließend auf einem mit Backpapier ausgelegten Blech dünn auswellen.
2. Für die Füllung die Zwiebel schälen, klein schneiden und in etwas Öl glasig dünsten. Den Honig darüber verteilen und etwas bräunen. Den Grünkohl klein schneiden und mit in die Pfanne geben. Einige Minuten in sich zusammenfallen lassen und leicht bräunen, sodass zarte Röstaromen entstehen. Auskühlen lassen, den Schmand unterrühren und mit Salz und Pfeffer abschmecken.
3. Den Backofen auf 180 °C Ober-/Unterhitze vorheizen.
4. Die Füllung mittig auf die Galette geben und etwas verstreichen. Die Teigränder nach innen klappen, mit dem verquirlten Ei großzügig bestreichen und mit Sesam bestreuen. Den Mozzarella mit den Fingern zerzupfen und locker über den Grünkohl geben. Im vorgeheizten Backofen bei 180 °C ca. 20–25 Minuten backen und am besten lauwarm genießen.

Wohlfühlrezepte für die Kaffeetafel

Wenn ich an den Herbst und den Winter denke, kommen mir gemütliche Nachmittage mit Freunden oder der Familie in den Sinn. Draußen ist es klirrend kalt, es regnet vor sich hin oder es fällt leise der erste Schnee. Der Tisch ist gedeckt mit schönem Geschirr, Kerzen, leckeren Kuchen oder kleinen Torten, Desserts mit winterlichen Gewürzen oder Kleingebäck. Diese gehören bei uns genauso auf den Nachmittagstisch wie eine schöne heiße Tasse Kaffee oder Tee.

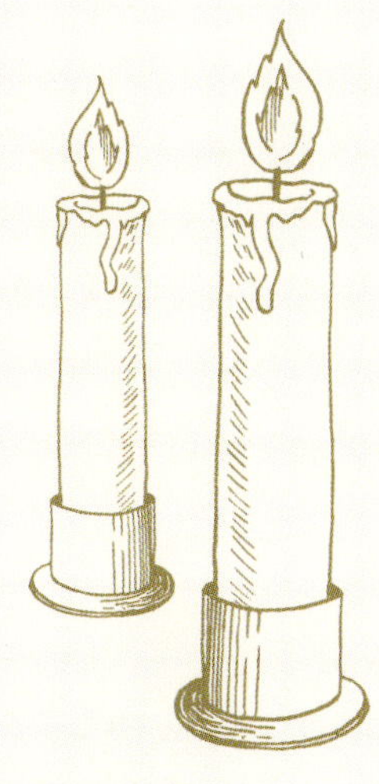

Der Birnen-Cranberry-Strudel ist nahezu perfekt für einen gemütlichen Nachmittag mit guten Freunden. Die Birnen dafür dürfen gerne etwas überreif sein; das macht das Fruchtfleisch schön weich und süß.

Schnelle Birnen-Cranberry-Strudel mit Vanillesauce

ZUTATEN FÜR 3–4 PORTIONEN

STRUDEL

2 Birnen
50 ml Orangensaft
1–2 Msp. Zimt
2 EL brauner Zucker
50 g Walnüsse
2 EL Cranberrys
10 Blätter Strudel- oder Filoteig
1 Eiweiß
30 g Butter
Puderzucker zum Bestäuben

VANILLESAUCE

80 ml Milch
80 ml Sahne
1 Vanilleschote
1 TL Stärke
1 Eigelb

ZUBEREITUNG

1. Die Birnen schälen, entkernen und in kleine Würfel schneiden. Den Orangensaft mit dem Zimt und dem braunen Zucker in einer beschichteten Pfanne kurz aufkochen und etwas reduzieren. Die Walnüsse grob hacken und mit den Birnenwürfeln und den Cranberrys in die Pfanne geben. Unter Rühren nochmals weiter reduzieren.
2. Den Backofen auf 180 °C Umluft vorheizen.
3. Die einzelnen Teigblätter auf der Arbeitsfläche ausbreiten und an den Rändern mit Eiweiß einstreichen. Jeweils 2 EL der Füllung auf ein Teigblatt geben, das Teigblatt auf beiden Seiten nach innen schlagen und von der kurzen Seite her stramm aufrollen. Die Butter in einem kleinen Topf langsam schmelzen und die Strudel damit einstreichen. Diese auf einem mit Backpapier ausgelegten Backblech verteilen und bei ca. 180 °C Umluft für 25 Minuten backen.
4. Für die Vanillesauce Milch, Sahne, ausgekratztes Mark der Vanilleschote und Stärke in einem kleineren Topf kurz aufkochen lassen. Dann kurz abkühlen lassen und das Eigelb mit dem Schneebesen unterrühren. Dabei sollte die Vanillesauce keinesfalls kochen, sonst beginnt das Ei zu stocken und die Sauce bekommt kleine Klümpchen. Die Strudel mit Puderzucker bestäuben und mit der Vanillesauce servieren.

Diese Espressotorte mag ich nicht nur wegen ihres wunderbar herb-schokoladigen Teiges und der Bratapfelfüllung, sondern auch, weil sie sich so schön vorbereiten lässt. Sie eignet sich also hervorragend für die Feiertage.

Espresso-Bratapfeltorte mit Buttercreme

ZUTATEN FÜR 1 KLEINE TORTE

TEIG

5 Eier
125 g Zucker
1 Pck. Vanillezucker
125 g Mehl
10 g lösliches Espressopulver
40 g Backkakao
ca. 100 ml frischer Espresso

BUTTERCREME

50 g weiche Butter + etwas für die Form
40 g gesiebter Puderzucker
1 Pck. Vanillezucker
200 g Frischkäse
200 g Mascarpone

FÜLLUNG

2 EL gehackte Mandeln
2 Äpfel
50 g brauner Zucker
2–3 EL Apfelsaft
2 Prisen Zimt
1 Prise Spekulatiusgewürz
2 EL Rosinen

DEKORATION

100 g Zucker
etwas längere Rosmarinzweige
2–3 EL gehackte Mandeln
3–4 fertige Zimtsterne (optional)

→ Zubereitung nächste Seite

ZUBEREITUNG

1. Den Backofen zunächst auf 160 °C Ober-/Unterhitze vorheizen.
2. Eine kleine Springform (ca. 16 cm Durchmesser) einfetten und den Boden mit Backpapier auslegen. Die Eier trennen und das Eiweiß mit etwa einem Drittel des Zuckers steif schlagen. Die Eigelbe mit dem restlichen Zucker und dem Vanillezucker cremig rühren. Das Mehl über die Eigelb-Zuckermischung sieben und sorgfältig unterrühren. Das lösliche Espressopulver und den Backkakao ebenfalls unterrühren. Zum Schluss das steif geschlagene Eiweiß unterheben. Ein Drittel des Teiges in die Form füllen und diesen ca. 25–30 Minuten hellbraun backen. Den Backvorgang noch zweimal wiederholen, bis der Teig vollständig aufgebraucht ist und drei kleine Tortenböden entstanden sind (siehe Tipp!).
3. Währenddessen kann die Buttercreme vorbereitet werden. Hierfür die weiche Butter mit dem gesiebten Puderzucker und dem Vanillezucker cremig rühren. Den Frischkäse und den Mascarpone zugeben und gut unterrühren. Die Masse in einen Spritzbeutel füllen und bis zur Weiterverarbeitung kühl stellen.
4. Für die Füllung die gehackten Mandeln in eine beschichtete Pfanne geben, goldbraun anrösten und in eine Schüssel umfüllen. Die Äpfel entkernen, in kleine Würfel schneiden und mit dem Zucker und dem Apfelsaft in die Pfanne geben. Bei mittlerer Hitze den Zucker schmelzen und die Äpfel damit leicht karamellisieren. Wenn die meiste Flüssigkeit verkocht ist, die Gewürze, die Rosinen und die gerösteten Mandeln zugeben und kurz untermischen. Die Füllung in eine Schüssel umfüllen und zum Abkühlen beiseitestellen.
5. Den ersten der vollständig ausgekühlten Teigböden in einen auf die Größe angepassten Tortenring geben und löffelweise mit ebenfalls ausgekühltem Espresso beträufeln. Anschließend den Spritzbeutel mit der Buttercreme aus dem Kühlschrank nehmen und einen Cremering am äußeren Rand des untersten Bodens aufspritzen. In der Mitte jetzt die ausgekühlte Bratapfelfüllung verteilen und den nächsten Boden auflegen. Hier genauso weiterverfahren. Oben mit Füllung abschließen, den Tortenring vorsichtig abnehmen und die Torte komplett mit einer dünneren Schicht Buttercreme einstreichen und über Nacht kühl stellen.
6. Für die Dekoration die Hälfte des Zuckers mit 100 ml Wasser in einem Topf kurz aufkochen und etwas abkühlen lassen. Die vorbereiteten Rosmarinzweige kurz darin eintauchen und auf einem Kuchengitter abtropfen lassen. Dann vorsichtig im restlichen Zucker wenden und erneut auf einem Kuchengitter trocknen lassen. Den Kuchen kurz vor dem Servieren mit den Rosmarinbäumchen, etwas gehackten Mandeln und nach Belieben Zimtsternen dekorieren.

TIPP

Während des Backvorganges des Biskuitteiges niemals die Backofentür öffnen. Der Teig fällt sonst sofort in sich zusammen und hat keine typischen Biskuiteigenschaften mehr.

Die perfekte Biskuitrolle für alle Glühweinliebhaber, die fruchtig-sahnige Kuchen mit lockerem Boden mögen.

Nuss-Glühweinbiskuitrolle

ZUTATEN FÜR 1 ROLLE

TEIG

5 Eier
125 g Zucker + ca. 20 g zum Bestreuen des Küchentuches
60 g Mehl
60 g gemahlene Haselnüsse

FÜLLUNG

200 g Himbeerkonfitüre
50 ml Rotwein
2 Zimtstangen
50 g gehackte Haselnüsse
20 g Zucker
200 ml Sahne
1 Pck. Vanillezucker
100 g Mascarpone

AUßERDEM

Puderzucker zum Bestäuben (optional)

ZUBEREITUNG

1. Den Backofen auf 180 °C Ober-/Unterhitze vorheizen.
2. Für den Biskuitteig die Eier trennen. Das Eiweiß steif schlagen und portionsweise den Zucker einrieseln lassen. Danach langsam die Eigelbe hinzugeben und das Mehl und die Haselnüsse vorsichtig unterheben. Den Biskuitteig auf ein mit Backpapier ausgelegtes Backblech streichen und für 15–20 Minuten im Ofen goldgelb backen.
3. Für die Füllung währenddessen die Konfitüre mit dem Rotwein und den Zimtstangen in einen mittelgroßen Topf geben und bei mittlerer Hitze für ca. 10 Minuten köcheln lassen. Die Zimtstangen entnehmen und die Füllung kurz auskühlen lassen.
4. Die gehackten Haselnüsse in einer beschichteten Pfanne unter ständigem Rühren anrösten. Den Zucker zugeben, die Nüsse leicht karamellisieren und anschließend abkühlen lassen.
5. Die Sahne zusammen mit dem Vanillezucker steif schlagen. Den Mascarpone und die karamellisierten Nüsse vorsichtig unterheben.
6. Ein sauberes Küchentuch ausbreiten und mit Zucker bestreuen. Den Biskuitboden sofort nach dem Backen auf das Tuch stürzen und das Backpapier auf der Unterseite vorsichtig abziehen. Den Boden noch warm mit der Glühweinkonfitüre bestreichen, anschließend kurz abkühlen lassen und die Creme darauf verteilen.
7. Die Biskuitrolle vorsichtig aufrollen und mit der Naht nach unten 1–2 Stunden im Kühlschrank kalt stellen. Vor dem Verzehr nach Belieben mit Puderzucker bestäuben.

So richtig saftige Cupcakes mag fast jeder. Kommen diese dann auch noch mit frischer, luftiger Cremehaube daher, kann eigentlich niemand mehr widerstehen. Diese bereite ich gerne am Vortag zu und spritze die Frischkäsehaube erst kurz bevor die Gäste am Tisch sitzen auf.

Cupcakes mit saftigem Kürbis und Frischkäsehaube

ZUTATEN FÜR 6–8 CUPCAKES

CUPCAKES
200 g brauner Zucker
2 Eier
150 g Butter
200 g Kürbispüree (Rezept Seite 37)
180 g Mehl
½ Pck. Backpulver
1 TL Zimt
1 Msp. Kardamom
1 Msp. Nelkenpulver

TOPPING
100 g sehr weiche Butter
150 g Puderzucker
300 g Frischkäse
2–3 EL Haselnusskrokant

ZUBEREITUNG

1. Zunächst den Zucker mit den Eiern mit Hilfe eines Handrührgerätes in einer größeren Schüssel schaumig aufschlagen. Die Butter in einem kleinen Topf vorsichtig schmelzen und mit dem Kürbispüree unter die Masse rühren. Das Mehl mit dem Backpulver und den Gewürzen mischen und ebenfalls zugeben.
2. Den Backofen auf 180 °C Ober-/Unterhitze vorheizen.
3. Die Mulden eines Muffinblechs einfetten oder Papierförmchen auf einem Backblech verteilen. Die Mulden bzw. die Förmchen zu je zwei Dritteln mit Teig befüllen und im vorgeheizten Backofen ca. 20–25 Minuten backen.
4. Die Cupcakes auskühlen lassen und währenddessen das Cremetopping zubereiten. Dazu die Butter mit den Schneebesen des Handrührgerätes cremig aufschlagen und den Puderzucker wie auch den Frischkäse langsam zugeben. Die Creme in einen Spritzbeutel geben und auf die ausgekühlten Cupcakes spritzen. Mit etwas Haselnusskrokant garnieren und genießen.

Mit der Produktion meiner Marzipanstollen und meines Orangenlikörs (Seite 188) läute ich seit ein paar Jahren schon meine Vorweihnachtszeit ein. Beides muss für einige Zeit ziehen, um sein volles Aroma zu entfalten. Anfang bis Mitte November ist deshalb meiner Meinung nach die perfekte Zeit dafür.

Marzipanstollen

ZUTATEN FÜR 1 GROßEN STOLLEN

STOLLEN
100 ml Milch
150 g Butter
½ Würfel frische Hefe
250 g Mehl
50 g brauner Zucker
75 g gemahlene Mandeln (ohne Haut)
100 g gehackte Walnüsse
150 g Marzipan (Rezept Seite 30)

DEKORATION
100 g Butter
100 g Puderzucker

ZUBEREITUNG

1. Die Milch zusammen mit der Butter in einem Topf langsam auf ca. 37 °C erwärmen und die Hefe darin auflösen. Alle restlichen Zutaten (bis auf das Marzipan) der lauwarmen Milchmischung zugeben und kurz durchkneten. Den Teig nun abgedeckt ca. 2 Stunden ruhen lassen.
2. Anschließend erst den Teig und dann das Marzipan oval auswellen. Das ausgewellte Marzipan auf den Teig legen. Den Teig von der Längsseite ausgehend zu zwei Dritteln einklappen. Die gegenüberliegende Seite darüberlegen.
3. Den Backofen auf 160 °C Ober-/Unterhitze vorheizen.
4. Den Teig mit einem sauberen Tuch abdecken und nochmals für ungefähr 30 Minuten gehen lassen.
5. Den Stollen im vorgeheizten Backofen für 40 Minuten backen.
6. Den Stollen sofort aus dem Backofen nehmen und kurz auskühlen lassen. Die Butter währenddessen vorsichtig in einem kleinen Topf auf dem Herd zerlassen. Den noch warmen Stollen mit der Butter großzügig einpinseln und gleich darauf mit Puderzucker bestäuben.

HALTBARKEIT

Den Stollen vor dem Verzehr mindestens 5–7 Tage ziehen lassen. Den Stollen nach dem Backen unbedingt vollständig abkühlen lassen und am besten an einem dunklen Ort bei etwa 12 °C, luftdicht eingeschlagen in etwas Alufolie, stehen lassen.

Stollenkugeln sind, wie ich finde, perfekt für den spontanen Besuch am Nachmittag. Ein paar Scheiben selbst gebackener Stollen und etwas Frischkäse bilden die Basis dafür.

Stollenkugeln

ZUTATEN FÜR CA. 8–10 KUGELN

KUGELN

200 g Stollen (Rezept Seite 87)
50 g Frischkäse
1 EL Amaretto

DEKORATION

2 EL gehackte Mandeln
2 EL Mandelkrokant

ZUBEREITUNG

Den Stollen in einer größeren Schüssel komplett zerbröseln und mit dem Frischkäse sowie dem Amaretto mischen, bis eine gut formbare Masse entsteht. Diese in einer vorbereiteten Schüssel mit gehackten Mandeln und Mandelkrokant wälzen, bis die Kugeln vollständig damit bedeckt sind.

HALTBARKEIT & AUFBEWAHRUNG

Die Stollenkugeln sind schnell gemacht und schmecken noch am gleichen Tag am besten. Gut verpackt sind sie im Kühlschrank 1–2 Tage haltbar.

Diese kleinen Hörnchen sehen komplizierter aus, als sie letztendlich sind. Auch hier lässt sich der Teig wieder gut vorbereiten und darf auch gerne über Nacht im Kühlschrank verweilen.

Kleine Frischkäse-Nusshörnchen

ZUTATEN FÜR 32 STÜCK

20 g Marzipan
150 g Mehl
100 Butter
80 g Frischkäse
100 g Zucker
80 g gemahlene Haselnüsse

ZUBEREITUNG

1. Das Marzipan fein reiben. Für den Teig Mehl, Butter, Marzipan und Frischkäse zu einem geschmeidigen Teig verkneten, diesen zu einer Kugel formen, in Frischhaltefolie einschlagen und im Kühlschrank für 1 Stunde kalt stellen.
2. Den Zucker und die gemahlenen Haselnüsse in einer kleinen Schüssel mischen und beiseitestellen.
3. Den Backofen auf 180 °C Umluft vorheizen und ein Backblech mit Backpapier auslegen.
4. Die Teigkugel in zwei gleich große Teile teilen und diese jeweils wieder zu Kugeln formen. Die Zucker-Nussmischung auf einer sauberen Arbeitsfläche ausstreuen, darauf eine der Kugeln in etwa Springformgröße auswellen. Die kreisrunde Teigplatte in 16 gleich große Tortenstücke schneiden und von der breiten Seite her zu Hörnchen aufrollen. Die Hörnchen auf das Backpapier legen und den Vorgang mit der zweiten Kugel wiederholen.
5. Die Nusshörnchen für 10 Minuten im Ofen backen, vom Blech nehmen und auf einem Kuchengitter auskühlen lassen.

Bratbirnen mit Vanillesauce sind ein echtes Wohlfühlessen. Frisch aus dem Ofen wärmen sie den Bauch von innen und machen Vorfreude auf die Vorweihnachtszeit.

Gefüllte Bratbirnen mit Mohn-Vanillesauce

ZUTATEN FÜR 2 PORTIONEN

BIRNEN

2 bauchige, reife Birnen
100 g gehackte Walnüsse
50 g weiche Butter + etwas für die Form
50 g Zucker
50 g Marzipan

VANILLESAUCE

80 ml Milch
80 ml Sahne
1 Vanilleschote
1 TL Stärke
1 Eigelb
1–2 EL gemahlener Mohn

ZUBEREITUNG

1. Den Boden und den Deckel der Birnen etwa 2 cm hoch abschneiden und die Birne mit Hilfe eines Apfelentkerners oder Teelöffels etwas aushöhlen. Den Deckel aufbewahren.
2. Für die Füllung die Walnüsse mit der Butter, dem Zucker und dem Marzipan vorsichtig erwärmen, bis die Butter und das Marzipan weich werden. Alle Zutaten zu einer homogenen Masse verrühren und kurz abkühlen lassen.
3. Den Backofen auf 170 °C Umluft vorheizen.
4. Die Birnen vorsichtig mit jeweils 2–3 EL der Füllung füllen. Mit dem Anschnitt nach unten in eine gefettete, kleinere Auflaufform setzen und den Deckel der Birnen aufsetzen. Die Birnen für ca. 30 Minuten im Backofen backen.
5. Für die Vanillesauce die Milch, die Sahne, das ausgekratzte Mark der Vanilleschote und die Stärke in einem kleineren Topf verrühren und kurz aufkochen lassen. Dann kurz abkühlen lassen und das Eigelb und den Mohn mit dem Schneebesen unterrühren. Dabei sollte die Vanillesauce keinesfalls kochen, sonst beginnt das Ei zu stocken und die Sauce bekommt unschöne kleine Klümpchen. Die Vanillesauce noch heiß zu den Bratbirnen geben und sofort servieren.

Mein Bratapfelkuchen ist perfekt für alle, die sich nicht entscheiden können. Die perfekte Symbiose von saftig-fruchtigem Bratapfel und würzigem Rührkuchen.

Bratapfelkuchen

ZUTATEN FÜR 1 KUCHEN

BRATAPFELEINLAGE

4 Bio-Äpfel
80 g Marzipan
1 TL Zimt
50 g gemahlene Nüsse
2–3 EL Rum
2–3 EL Sahne
2 EL gehobelte Mandeln

TEIG

200 g weiche Butter
150 g brauner Zucker
3 Eier
200 g Mehl
2 TL Backpulver
100 g gemahlene Nüsse
250 ml Milch
1 TL Zimt

ZUBEREITUNG

1. Zunächst die Äpfel gut waschen und das Kerngehäuse entfernen. Alle weiteren Zutaten bis auf die gehobelten Mandeln vermischen und die Äpfel damit füllen. Die gefüllten Äpfel in eine gefettete Springform (26 cm Ø) stellen.
2. Den Backofen auf 180 °C Umluft vorheizen.
3. Jetzt Butter, Zucker und Eier mit Hilfe eines Handrührgerätes schaumig aufschlagen. Dann die restlichen Zutaten für den Teig zügig unterheben, sodass ein gleichmäßiger Teig entsteht. Den Teig gleichmäßig um die Äpfel in der Springform verteilen. Zum Schluss die gehobelten Mandeln über den Teig streuen und alles für 45 Minuten im Backofen backen.

An Nougat kann ich zur Weihnachtszeit nur schwer vorbeilaufen. Versteckt in kleinen, in Mohnbutter geschwenkten Quarkknödeln macht es sich besonders gut.

Miniquarkknödel mit Nougat und Mohnbutter

ZUTATEN FÜR 4 PORTIONEN

TEIG

30 g Butter
250 g Magerquark
50 g Zucker
1 Vanilleschote
1 Ei
80 g Semmelbrösel
40 g Weichweizengrieß
etwas Mehl zum Wälzen

FÜLLUNG

100 g Nougat

MOHNBUTTER

4 EL Mohn
4–5 EL Butter
1 EL Vanillezucler

AUßERDEM

Salz
3 EL Puderzucker

ZUBEREITUNG

1. Die Butter in einem kleineren Topf langsam schmelzen und anschließend abkühlen lassen. Den Quark gut abtropfen lassen. Die Butter mit dem Quark, dem Zucker, dem Mark der Vanilleschote und dem Ei verrühren und die Semmelbrösel und den Grieß portionsweise dazugeben. Den Knödelteig für ca. 30 Minuten im Kühlschrank durchziehen lassen.
2. Währenddessen das Nougat in kleine Würfel schneiden. Anschließend mit angefeuchteten Händen aus der Teigmasse etwa 8 kleine Knödel formen und jeweils 1 Nougatwürfel in die Mitte setzen. Die Knödel vorsichtig in etwas Mehl wälzen.
3. Salzwasser in einem größeren Topf zum Kochen bringen und die Quarkknödel darin bei schwacher Hitze ca. 6–7 Minuten gar ziehen lassen.
4. Für die Mohnbutter den Mohn in einer beschichteten Pfanne ohne Öl kurz anrösten. Die Butter und den Vanillezucker dazugeben und kurz etwas anbräunen lassen. Die Miniknödel darin schwenken, auf Teller verteilen und mit etwas Puderzucker bestäuben.

TIPP

Auch klassische Butterbrösel schmecken sehr gut zu den Nougatknödeln. Hierfür 70 g Butter in einer beschichteten Pfanne unter Rühren schmelzen. 70 g Semmelbrösel und 3 EL Zucker nach Belieben untermengen. Die Knödel nach dem Kochen darin wälzen.

Diese leckeren Plunderteilchen erinnern mich immer etwas an Franzbrötchen. Der Teig ist wunderbar buttrig–zart und die Füllung herrlich fruchtig.

Nussig-blättrige Plunderteilchen

ZUTATEN 6–8 STÜCK

TEIG

75 g Butter
250 g Milch
½ Würfel frische Hefe
500 g Mehl Type 550
60 g brauner Zucker
½ TL Salz
1–2 Prisen Kardamom oder 1 Msp. Vanillepulver
200 g sehr kalte Butter in dünnen Scheibchen

FÜLLUNG

2 Äpfel
2 gehäufte EL brauner Zucker
2 EL Zitronensaft
1 EL Zimt

AUẞERDEM

Puderzucker zum Bestäuben

ZUBEREITUNG

1. Für den Teig zunächst die Butter in einem Topf schmelzen. Dann die Milch zugeben, auf ca. 37 °C erwärmen und die Hefe darin auflösen. Anschließend Mehl, Zucker, Salz und Kardamom oder Vanille in eine größere Schüssel sieben. Die Hefemilch-Mischung zugeben und alles einige Minuten gut zu einem Teig verkneten. Abgedeckt darf der Teig so nun ca. 2 Stunden ruhen.
2. Wenn sich der Hefeteig ungefähr verdoppelt hat, geht's ans Falten des Teiges (toupieren). Dazu ein Teigrechteck ausrollen. Eine Hälfte davon mit der in Scheiben geschnittenen Butter belegen und einen Rand von ca. 1,5 cm lassen. Die unbelegte Teighälfte darüberklappen und die Seiten etwas andrücken. Anschließend den Teig nochmals kurz auswellen und diesen dann auf einem Küchenbrett für ca. 10–15 Minuten in den Kühlschrank stellen.
3. Das Teigrechteck mit der langen Seite nach unten vor sich legen. Das linke Drittel über das mittlere Drittel legen. Das rechte Drittel ebenfalls über die Mitte klappen. Nochmals auswellen und kalt stellen.
4. Die Äpfel waschen, halbieren und vom Kerngehäuse befreien. Die Äpfel fein reiben, in eine Schüssel geben, mit Zucker, Zitronensaft und Zimt mischen und kurz ziehen lassen.
5. Dann die Apfelmasse mit Hilfe eines sauberen Küchentuchs entfeuchten. Die Masse sollte anschließend relativ trocken sein, da sonst der Saft der Äpfel später beim Backen austritt.
6. Den Teig erneut auswellen und mit der Apfelmasse belegen. Längs stramm zu einer langen Rolle aufrollen und, ähnlich wie bei Zimtschnecken, in etwa 2 Finger dicke Teile schneiden. Mit Hilfe des Stiels eines Holzlöffels nun mittig bis fast nach unten drücken. So entsteht eine Mulde und die Seiten stülpen sich etwas nach außen. Alles auf ein mit Backpapier belegtes Backblech setzen und mit einem sauberen Küchentuch abgedeckt nochmals 30 Minuten gehen lassen.
7. Den Backofen währenddessen auf 180 °C Ober/-Unterhitze vorheizen. Anschließend für ca. 25 Minuten im Backofen backen und am besten lauwarm mit Puderzucker genießen.

Richtig gute Pannacotta esse ich das ganze Jahr über sehr gerne. Die Beste macht mit Abstand meine Mutter. Diese hier kommt an das Original aber sehr nah ran und ist mit der herrlich schokoladigen Pflaumensauce perfekt geeignet für die Winterzeit.

Winterliche Pannacotta mit Schokoladen-Pflaumensauce

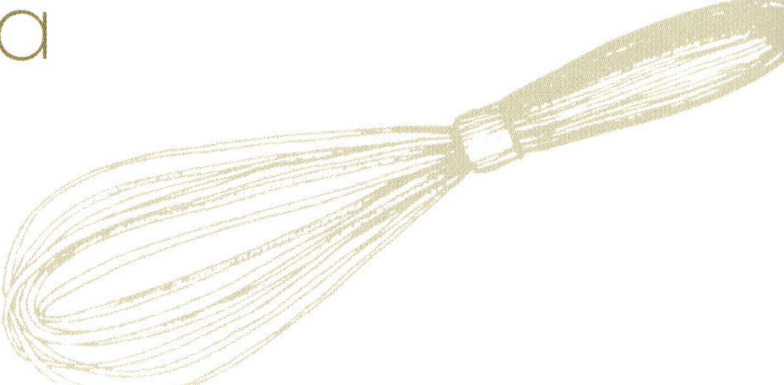

ZUTATEN
FÜR 6–8 KLEINE PORTIONEN

PANNACOTTA
500 ml Sahne
1 Vanilleschote
60 g Zucker
2 Blatt Gelatine

SAUCE
50 g Zartbitterschokolade
3 EL Pflaumenmus mit Zimt
100 ml Sahne

DEKORATION
2–3 TL Mandelkrokant

ZUBEREITUNG

1. Für die Pannacotta am Vortag die Sahne mit der ausgekratzten Vanilleschote und dem Zucker für ca. 15 Minuten köcheln lassen, vom Herd nehmen und kurz ziehen lassen. Währenddessen die Blattgelatine in etwas kaltem Wasser einweichen, ausdrücken und zur Sahne in den Topf geben. Die Vanilleschote entfernen und alles gut verrühren.
2. Die Pannacotta in vier Förmchen füllen und über Nacht im Kühlschrank erkalten lassen.
3. Für die Sauce die Zartbitterschokolade vorsichtig über einem Wasserbad schmelzen. Ist diese vollständig geschmolzen, sofort das Pflaumenmus und die Sahne zugeben und nochmals vorsichtig erwärmen.
4. Die Pannacotta kurz vor dem Servieren vorsichtig aus der Form stürzen, mit der noch lauwarmen Schokoladen-Pflaumensauce übergießen und sofort genießen.

Dieses Dessert ist bei meiner gesamten Familie sehr beliebt, und es wird immer der letzte Rest aus den Gläsern gekratzt. Bei uns gibt es das Schichtdessert bevorzugt an den Feiertagen, da es sich gut am Vorabend vorbereiten lässt.

Bratapfel-Schichtdessert

ZUTATEN FÜR 6 KLEINE GLÄSER

2 größere Äpfel
250 ml Apfelsaft
2–3 Zimtstangen
3–4 EL Vanillezucker
1 Sternanis
30 g Mandelstifte
200 ml Sahne
2 EL brauner Zucker
250 g Mascarpone
125 g Haferkekse
125 g Butter

ZUBEREITUNG

1. Als Erstes die Äpfel vom Kerngehäuse befreien und in kleine Würfel schneiden. Den Apfelsaft mit den Zimtstangen, 1–2 EL Vanillezucker und dem Sternanis erwärmen. Die Apfelwürfel dazugeben und ca. 15 Minuten leicht simmernd köcheln lassen, bis die Äpfel weich werden und die Flüssigkeit fast ganz eingekocht ist. Die Gewürze entnehmen, die Mandelstifte unterheben und alles abkühlen lassen.
2. Für die Creme zunächst die Sahne mit 2 EL Vanillezucker und dem Zucker steif schlagen. Dann den Mascarpone nach und nach untermengen und alles für ein paar Minuten kalt stellen.
3. Die Haferkekse für den Boden in einem Mixer zerkleinern. Die Butter im Topf langsam schmelzen und die zerkleinerten Kekse zugeben. Alles gut verrühren, in kleinere Dessertgläser geben und mit einem Löffelrücken festdrücken. Auf den Keksboden folgt eine Schicht Apfelmasse und darauf dann die Mascarpone-Creme.

TIPP

Der Nachtisch kann bereits am Vorabend vorbereitet werden. Am besten 30 Minuten vor dem Verzehr aus dem Kühlschrank nehmen.

Unter all den wunderbaren Gewürzen im Herbst und Winter ist mir Zimt mit Abstand das liebste und ich achte darauf, nur hochwertigen Ceylon-Zimt zu verwenden. Diese Zimtknoten sind im Handumdrehen gemacht und schmecken noch lauwarm am besten.

Schnelle Zimtknoten

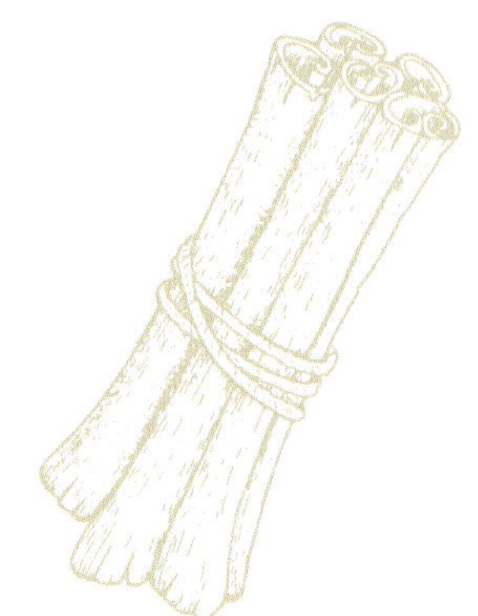

ZUTATEN FÜR 8–10 STÜCK

TEIG

75 g Butter
250 ml Milch
½ Würfel frische Hefe
500 g Mehl
65 g brauner Zucker
½ TL Salz
1–2 Prisen Kardamom

FÜLLUNG

75 g Butter
100 g Zucker
3 TL Zimt
50 g gemahlene Nüsse

DEKORATION

1 Ei oder etwas Milch
1 Handvoll Hagelzucker

ZUBEREITUNG

1. Für den Teig zunächst die Butter in einem Topf vorsichtig schmelzen. Dann die Milch zugeben, auf ca. 37 °C erwärmen und die Hefe darin auflösen. Anschließend das Mehl, den Zucker, das Salz und den Kardamom in eine größere Schüssel sieben. Die Hefe-Milchmischung zugeben und alles einige Minuten gut verkneten. Abgedeckt darf der Teig so nun ca. 1 Stunde ruhen. Der Teig ist fertig, wenn er sich mindestens verdoppelt hat.
2. Zum Ende der Gehzeit wird die Füllung vorbereitet. Auch hier die Butter schmelzen und dann die restlichen Zutaten einrühren.
3. Den Teig dünn auswellen, mit der Füllung bestreichen und längs zweimal einschlagen, sodass die Füllung nicht mehr zu sehen ist. Aus dem nun entstandenen schmäleren Rechteck mit einem Messer längs dünne Streifen schneiden. Diese Stränge jeweils in sich selbst verdrehen, zum Kreis formen und die Enden miteinander verknoten.
4. Die Zimtknoten auf ein mit Backpapier belegtes Backblech setzen und nochmals 15 Minuten ruhen lassen. In der Zwischenzeit den Backofen auf 180 °C Umluft vorheizen.
5. Zum Schluss die Knoten mit einem verquirlten Ei oder etwas Milch bestreichen, mit etwas Hagelzucker bestreuen und für 30–40 Minuten in den Ofen schieben. Anschließend auf einem Kuchengitter auskühlen lassen oder sofort genießen.

Zugegeben, richtig gute Macarons sind nicht unbedingt etwas, was sich sonderlich schnell backen lässt. Ich selbst habe mehrere misslungene Anläufe benötigt, um sie für mich persönlich perfekt hinzubekommen. Eine luftige, glatte und glänzende Hülle trifft hier auf cremig-zarte Schokoladenfüllung.

Winterliche Macarons

ZUTATEN FÜR 50 MACARONS

145 g Puderzucker
90 g gemahlene Mandeln
72 g Eiweiß (entspricht etwa 3–4 Eiern der Größe M)
2 Prisen Salz
20 g Zucker
150 g weiße Schokolade
40 g Sahne
½ TL Zimt
1 Prise Spekulatiusgewürz

HALTBARKEIT & AUFBEWAHRUNG

Ungefüllt sind die Macarons, kühl und trocken in einer Keksdose gelagert, 1–2 Wochen haltbar. Um währenddessen das Austrocknen der Unterseiten zu vermeiden, lasse ich die Macarons auf dem Backpapier kleben und schneide mir dieses einfach so zurecht, dass es in meine Keksdosen passt.

ZUBEREITUNG

1. Zuerst den Puderzucker und die gemahlenen Mandeln zusammen in einen leistungsstarken Mixer geben und zu sehr feinem Pulver verarbeiten.
2. Nun das Eiweiß zusammen mit dem Salz schaumig aufschlagen. Den Zucker in kleinen Mengen einrieseln lassen und weiterschlagen, bis die Eiweißmasse glänzend und standfest wird.
3. Die Puderzuckermischung portionsweise mit einem Teigschaber langsam unter das Eiweß heben. Der Macaronteig ist perfekt, wenn er glatt, glänzend und zäh vom Löffel läuft, ohne dabei abzureißen.
4. Den Teig nun in eine Spritztülle einfüllen und damit kleine Kreise von ungefähr 3 cm Durchmesser mit genügend Abstand auf ein mit Backpapier belegtes Backblech setzen. Um das spätere Aufplatzen der Macarons zu vermeiden, sollten diese auf dem Backblech nun für ca. 1 Stunde ruhen, bevor sie in den Ofen geschoben werden. So bildet sich eine dünne Haut, welche die Grundlage der späteren „Füßchen" der Macarons ist.
5. In dieser Zeit den Backofen auf 130 °C Umluft vorheizen.
6. Jetzt werden die Macarons für ungefähr 12 Minuten gebacken. Sie sind fertig gebacken, wenn sie sich leicht vom Backpapier lösen lassen, die Macarons sich dank der „Füßchen" etwas nach oben gearbeitet haben, jedoch die Oberfläche noch nicht gebräunt ist. Nach dem Backvorgang die Macarons sofort mit dem Backpapier vom Blech ziehen und komplett auskühlen lassen.
7. Für die Zimtfüllung die weiße Schokolade fein hacken und über einem Wasserbad langsam schmelzen. Die Sahne, den Zimt und das Spekulatiusgewürz einrühren und die Masse kalt stellen.
8. Die ausgekühlte Masse mit einem Handrührgerät kurz aufschlagen, in eine Spritztülle füllen und auf die Unterseite der Hälfte der Macarons spritzen. Auf jeden Cremetupfen eine weitere Macaronhälfte setzen und leicht andrücken.

Meine Apfelgalette ist quasi das süße Gegenstück zur Grünkohlgalette von Seite 73. Der Teig ist schnell zubereitet und die Zutaten für den Belag habe ich immer zu Hause. Perfekt also für einen Spontanbesuch am Nachmittag.

Apfelgalette mit Zimtsirup und Mandelkruste

ZUTATEN FÜR 1 GALETTE

TEIG
200 g Mehl
100 g Butter
2 EL Zucker
60 ml Milch

BELAG
1–2 Äpfel
Zimtsirup zum Bestreichen
1 Eigelb
1–2 EL Milch
1 Handvoll Mandelblättchen

ZUBEREITUNG

1. Für den Teig alle Zutaten in eine Schüssel geben, mit den Händen kurz durchkneten, sodass ein geschmeidiger Teig entsteht und für 30 Minuten im Kühlschrank ruhen lassen.
2. Den Backofen auf 160 °C Umluft vorheizen.
3. Den Teig rund auswellen, die Äpfel vom Kerngehäuse befreien und in Scheiben schneiden. Die Apfelscheiben auf dem Teigboden verteilen und alles großzügig mit Sirup einstreichen. Das Eigelb mit der Milch verquirlen, die Teigränder einklappen und damit bestreichen. Zum Schluss die Mandelblättchen auf dem Rand verteilen und alles für ca. 30 Minuten backen. Noch warm servieren.

News

Richtig gute Brownies dürfen bei uns in der kalten Jahreszeit niemals fehlen. Sie sollten außen fast schon knusprig, innen jedoch noch zartschmelzend sein. Das selbst gemachte Walnusskaramell verleiht dieser Variante den besonderen Crunch.

Walnuss-Karamell-Brownies

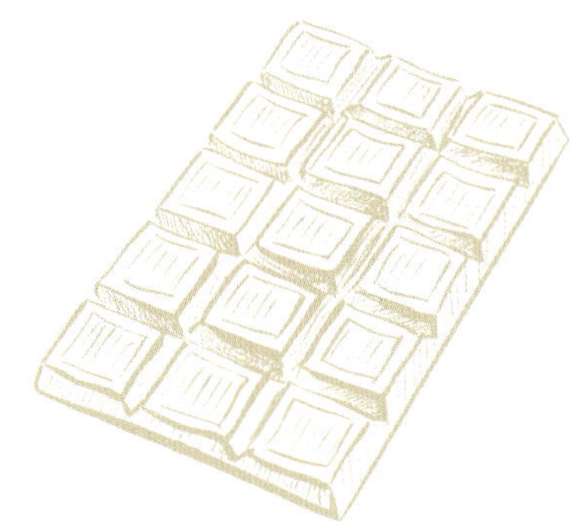

ZUTATEN FÜR CA. 12 STÜCK

WALNUSSKARAMELL
100 g brauner Zucker
30 g Honig
200 g Walnusskerne

TEIG
300 g Zartbitterschokolade
200 g Butter + etwas für die Form
200 g brauner Zucker
3 Eier
150 g Mehl
2 TL Kakaopulver

ZUBEREITUNG

1. Für das Walnusskaramell den Zucker, den Honig und die Walnusskerne in einer beschichteten Pfanne so lange erhitzen und ständig rühren, bis sich der Zucker verflüssigt und um die Walnüsse legt. Das Walnuss-Karamell sofort auf ein Stück Backpapier geben und auskühlen lassen. Anschließend in kleine Stücke brechen.
2. Die Schokolade zusammen mit der Butter über einem Wasserbad schmelzen. Die Masse in eine größere Schüssel umfüllen und den Zucker und die Eier vorsichtig unterrühren. Das Mehl mit dem Kakaopulver gut vermengen und unter die Teigmasse heben.
3. Den Backofen auf 160 °C Umluft vorheizen.
4. Den Teig in ein gefettetes, tieferes Backblech (ca. 20 × 20 cm) füllen und glattstreichen. Im Backofen 25–30 Minuten backen. Die Oberfläche sollte schön knusprig und das Innere saftig und weich sein – die Brownies daher lieber etwas kürzer backen. Die Brownies in der Form vollständig auskühlen lassen, in Stücke schneiden und genießen.

GUT ZU WISSEN

Brownies bleiben saftig, wenn man sie zusammen mit einem Apfelschnitz in einer Keksdose lagert. So sind sie 3–4 Tage haltbar.

Geschenke aus der Küche

Ich mag es sehr, meine Liebsten zu beschenken. Am besten gelingt mir das mit selbst gemachten Leckereien aus der Küche, die ich ganz auf deren Geschmack zuschneide. Oft sind das einfache und schnell gemachte Dinge, die jedoch immer auf volle Begeisterung und Zuspruch stoßen.

Gewürze sollten, wenn möglich, immer trocken, kühl, luftdicht und dunkel gelagert werden. So bleibt das Aroma lange erhalten. Die passenden Etiketten zum Ausdrucken finden Sie unter dem QR-Code auf Seite 200.

Spekulatiusgewürz

ZUTATEN FÜR EIN KLEINES GEWÜRZGLAS À 50 ML

50 g Zimt
Mark von 2 Vanilleschoten
10 g Nelkenpulver
10 g Muskat
5 g Ingwerpulver
10 g Kardamom

ZUBEREITUNG

Alle Zutaten in einem leistungsstarken Mixer zerkleinern oder mit einem Mörser fein zerstoßen und anschließend in ein sauberes, gut verschließbares Vorratsglas füllen.

Lebkuchengewürz

ZUTATEN FÜR 1 KLEINES GEWÜRZGLAS À 50 ML

3 EL Zimt
10 g Nelkenpulver
1 TL Piment
1 TL Muskat
2 TL Kardamom
¼ TL Ingwerpulver

ZUBEREITUNG

Alle Zutaten in einem leistungsstarken Mixer zerkleinern oder mit einem Mörser fein zerstoßen und anschließend in ein sauberes, gut verschließbares Vorratsglas füllen.

Glühwein- oder Punschgewürz

ZUTATEN FÜR EIN KLEINES GEWÜRZGLAS À 50 ML

25 g brauner Zucker
2 Stangen Zimt
Mark von 1–2 Vanilleschoten
2 Sternanis
3 Nelken
2 TL getrocknete Apfelschalen

ZUBEREITUNG

Alle Zutaten in einer Schüssel mischen und anschließend in ein sauberes, gut verschließbares Vorratsglas füllen.

HALTBARKEIT & VERWENDUNG

Die oben angegebenen Zutaten reichen aus, um aus 1 Flasche Rot- oder Weißwein würzig-weihnachtlichen Glühwein zu machen. Dafür den Wein in einen größeren Topf geben, langsam erwärmen (nicht kochen, sonst verflüchtigt sich der Alkohol) und die Gewürzmischung zugeben. Den Glühwein bei schwacher Hitze einige Minuten ziehen lassen und genießen. Die Gewürzmischung stets trocken und verschlossen aufbewahren. Für Punsch kann man statt Wein Trauben- oder Apfelsaft verwenden.

TIPP

Ausgekratzte Vanilleschoten lassen sich wunderbar für selbst gemachten Vanillezucker (Rezept Seite 30) oder Vanilleextrakt (Rezept Seite 28) verwenden.

Mein Bratapfelgewürz ist in der kalten Jahreszeit wohl die mit Abstand am meisten genutzte Gewürzmischung hier im Haus. Hierzu mische ich mir einfach alle Gewürze, die meiner Meinung nach einen guten Bratapfel ausmachen.

Bratapfelgewürz

ZUTATEN FÜR 1 KLEINES GEWÜRZGLAS À 150 ML

150 g brauner Zucker
1 EL getrocknete Apfelringe
3 TL Zimt
¼ TL Muskat
1 Msp. Kardamom
Mark von ½ Vanilleschote
1 TL Piment
1 TL Nelkenpulver

ZUBEREITUNG

Alle Zutaten in einem leistungsstarken Mixer zerkleinern oder mit einem Mörser fein zerstoßen und anschließend in ein sauberes, gut verschließbares Vorratsglas füllen.

VERWENDUNG

Das Bratapfelgewürz verwende ich für Desserts, Milchreis, Hefegebäck und natürlich auch Bratäpfel.

TIPP

Hübsche Etiketten zum Ausdrucken für Ihre Gläser und Dosen finden Sie unter dem QR-Code auf Seite 200.

Diese aromatische Gewürzmischung hat wohl ihren Ursprung irgendwo in Amerika. Vor einigen Jahren habe ich sie zusammen mit dem gleichnamigen Sirup für mich entdeckt. Seither begleitet sie mich jeden Herbst und ist nicht aus meiner Küche wegzudenken.

Pumpkin Spice

ZUTATEN FÜR 1 GLAS À 100 ML

250 g Hokkaidokürbis (ca. ½ Kürbis)
2 EL Zimt
1 ½ TL Ingwerpulver
½ TL Nelkenpulver
½–1 TL Muskat
½ TL Piment

ZUBEREITUNG

1. Den Kürbis von seinen Kernen und Fasern befreien. Mit Schale in kleine Würfel schneiden und in einem leistungsstarken Mixer zerkleinern.
2. Alles auf einem mit Backpapier ausgelegten Backblech verteilen und für 3–4 Stunden bei offener Backofentür und 80 °C im Ofen trocknen, bis dem Kürbisfleisch vollständig die Feuchtigkeit entzogen wurde. Anschließend alles in einem leistungsstarken Mixer bis zur gewünschten Körnung zerkleinern.

VERWENDUNG

Ich bestreue meine Pumkin Spice Latte oder einfach heiße Milch sehr gerne mit diesem Gewürz.

TIPP

Hübsche Etiketten zum Verschenken können Sie mit dem QR-Code auf Seite 200 herunterladen.

Eine heiße Tasse dampfende Trinkschokolade an einem kalten Winterabend ist für mich die Erfüllung schlechthin. Ich lege mir deshalb bereits im Herbst einen kleinen Vorrat an Trinkschokoladenpulver an.

Winterliches Trinkschokoladenpulver

ZUTATEN FÜR 1 GLAS À 250 ML

150 g Zartbitterschokolade
50 g Kakaopulver
50 g Puderzucker
1 TL Stärke
1–2 TL Zimt
1 Prise Kardamom
2–3 Msp. Nelkenpulver
1 Prise Salz

ZUBEREITUNG

Die Zartbitterschokolade sehr fein hacken oder in einem leistungsstarken Mixer einige Sekunden zerkleinern. Alle restlichen Zutaten zugeben und nochmals kurz durchmixen. Das fertige Trinkschokoladenpulver in ein sauberes, gut verschließbares Glas füllen.

HALTBARKEIT & VERWENDUNG

Kühl und trocken gelagert ist das Trinkschokoladenpulver ca. 6 Monate haltbar. 1–2 EL Trinkschokoladenpulver reichen für 200 ml heiße Milch.

Wer Spekulatius mag, wird diese Creme lieben. Ich esse sie im Herbst und Winter sehr gerne als dünnen Aufstrich aufs Croissant oder als süßes Topping im Porridge.

Spekulatiuscreme

ZUTATEN FÜR 1–2 GLÄSER À 200 G

175 g Gewürzspekulatius
80 g brauner Zucker
100 ml Kondensmilch
40 g Butter
1 TL Zimt

ZUBEREITUNG

Die Spekulatius klein bröseln. Alle Zutaten gut verrühren, bis eine homogene Creme entsteht. Die Creme in saubere, gut verschließbare Gläser füllen und auskühlen lassen.

HALTBARKEIT & VERWENDUNG

Die Spekulatiuscreme sollte im Kühlschrank aufbewahrt werden und ist dort gut verschlossen ca. 2 Monate haltbar.

Maronen schmecken wunderbar nussig und aromatisch und haben ihren Auftritt in einem meiner liebsten Brotaufstriche mehr als verdient. Ich kaufe Maronen fast immer vorgegart. Das erspart mir das Garkochen und Schälen.

Maronencreme

ZUTATEN FÜR 2 GLÄSER À 200 G

½ Vanilleschote
120 g Sahne
50 g Vollmilchschokolade
30 g brauner Zucker
200 g vorgegarte Maronen

ZUBEREITUNG

1. Das Mark der Vanilleschote auskratzen. Die Sahne zusammen mit der Vollmilchschokolade, dem braunen Zucker, dem Vanillemark und der ausgekratzten Vanilleschote in einem kleineren Topf vorsichtig erwärmen, bis sich Zucker und Vollmilchschokolade aufgelöst haben. Die vorgegarten Maronen in kleine Würfel schneiden und zur Sahne in den Topf geben. Für 10–15 Minuten bei kleiner Hitze simmern lassen.
2. Die Vanilleschote entfernen und den Rest mit Hilfe eines leistungsstarken Mixers zu einer Creme pürieren. Diese sofort in saubere, gut verschließbare Gläser umfüllen und im Kühlschrank erkalten lassen.

HALTBARKEIT & VERWENDUNG

Die Maronencreme sollte im Kühlschrank aufbewahrt werden und ist dort gut verschlossen ca. 2 Monate haltbar.

MERRY CHRISTMAS

Ich bin davon überzeugt: Wer einmal im Leben selbst gemachtes Granola gegessen hat, lässt sich nur noch sehr schwer von gekauftem überzeugen. Aber warum auch, denn aus einer Handvoll simpler Zutaten aus dem Vorratsschrank lassen sich nahezu unendlich viele verschiedene Geschmacksrichtungen und Zusammenstellungen zaubern, die sich zudem super als kleines Geschenk eignen.

Knuspriges Weihnachtsgranola

ZUTATEN FÜR 1 BÜGELGLAS À 500 ML

200 g kernige Haferflocken
100 g zarte Haferflocken
50 g gehobelte Mandeln
½ TL Zimt
50 ml Honig
50 ml Ahornsirup
1 Vanilleschote
1 Handvoll getrocknete Apfelringe

ZUBEREITUNG

1. Den Backofen auf 170 °C Ober-/Unterhitze vorheizen und ein Backblech mit Backpapier auslegen.
2. Haferflocken, Mandeln, Zimt, Honig und Ahornsirup in einer Schüssel gründlich vermischen, bis sich Honig und Ahornsirup gut verteilt haben. Das Mark der Vanilleschote mit einem Messer vorsichtig auskratzen und in die Schüssel geben. Die getrockneten Apfelringe in kleine Würfel schneiden und ebenfalls untermengen.
3. Das Granola großzügig auf dem Backblech verteilen, sodass keine größeren Klumpen entstehen, und für ca. 15–20 Minuten backen.
4. Das Weihnachtsgranola vollständig abkühlen lassen, je nach Geschmack mit den Händen etwas auseinanderbröseln und in ein Glas umfüllen.

HALTBARKEIT

Trocken und kühl gelagert und luftdicht verpackt, ist das Granola ungefähr 6 Monate haltbar.

Diese kleinen saftigen Bällchen sind einfach unschlagbar. Genau richtig, um mit einer großen Tasse Kaffee kurz innezuhalten und den nächsten Herbstspaziergang zu planen.

Kürbis-Energiebällchen

ZUTATEN FÜR 18 BÄLLCHEN

50 g weiße Schokolade
85 g kernige Haferflocken
1 TL Pumpkin Spice (Rezept Seite 118)
120 g Kürbipüree (Rezept Seite 37)
15 g Haselnussmus
1–2 TL Honig

ZUBEREITUNG

1. Für die Energiebällchen die Schokolade vorsichtig über einem Wasserbad schmelzen. Eine kleine Menge der Schokolade zum späteren Verzieren der Kugeln beiseitestellen. Alle Zutaten zusammen in einen leistungsstarken Mixer geben und bis zur gewünschten Konsistenz zerkleinern.
2. Mit feuchten Händen zu kleinen Bällchen formen und diese für 1–2 Stunden im Kühlschrank fest werden lassen. Zum Verzieren die übrige flüssige Schokolade mit einem Teelöffel gleichmäßig auf den Bällchen verteilen.

HALTBARKEIT & VERWENDUNG

Im Kühlschrank aufbewahrt halten sich die Kürbisbällchen ca. 2–3 Tage. Eine größere Menge lässt sich gut einfrieren. 1–2 Stunden vor dem Verzehr aus dem Gefrierfach nehmen und bei Raumtemperatur auftauen.

Bei diesen Apfelstrudelbällchen ist der Name Programm. Eine Extraportion Zimt, saftiger Apfel und cremiges Haselnussmus ergeben miteinander kombiniert eine echte Offenbarung.

Apfelstrudel-Energiebällchen

ZUTATEN FÜR CA. 18 BÄLLCHEN

1 mittelgroßer Apfel (ca. 125 g)
100 g kernige Haferflocken
1 TL Rosinen
1 TL Zimt
15 g Honig
25 g Haselnussmus

ZUBEREITUNG

Den Apfel vom Kerngehäuse befreien und grob zerkleinern. Die Apfelstücke mit den restlichen Zutaten in einem leistungsstarken Mixer geben und bis zur gewünschten Konsistenz zerkleinern. Mit feuchten Händen zu kleinen Bällchen formen und im Kühlschrank fest werden lassen.

HALTBARKEIT & AUFBEWAHRUNG

Im Kühlschrank aufbewahrt halten sich die Apfelstrudelbällchen ca. 2–3 Tage. Eine größere Menge lässt sich gut einfrieren. 1–2 Stunden vor dem Verzehr aus dem Gefrierfach nehmen und bei Raumtemperatur auftauen.

Selbst gemachte Müsliriegel standen viele Jahre auf meiner To-Do-Liste. Heute ärgere ich mich immer wieder darüber, wie lange ich es doch vor mir hergeschoben habe. Unglaublich lecker und superschnell gebacken, stecken sie jeden gekauften Riegel locker in die Tasche und sind mittlerweile fester Bestandteil meiner liebsten Backrezepte.

Cranberry-Walnussriegel

ZUTATEN FÜR CA. 15 STÜCK

50 g Butter + etwas für die Form
75 g brauner Zucker
150 g Honig
300 g Nussmischung
200 g Haferflocken
ca. 100 g Zartbitterschokolade
30 g Cranberrys
30 g Walnüsse
1 EL Erdnussbutter

ZUBEREITUNG

1. Die Butter, den Zucker und den Honig in einem kleineren Topf unter ständigem Rühren schmelzen bzw. auflösen. In einer Schüssel die Nüsse und die Haferflocken mischen. Die Schokolade grob hacken und in die Schüssel geben. Die Cranberrys und die Walnüsse mit einem Messer zerkleinern und ebenfalls zugeben. Die geschmolzene Buttermischung und die Erdnussbutter zum Rest in die Schüssel geben und gut vermengen.
2. Den Backofen auf 180 °C Umluft vorheizen und eine Form (ca. 20 × 25 cm) fetten.
3. Die fertige Riegelmischung in die Form geben und etwas andrücken. Im Backofen für ca. 12–15 Minuten backen und anschließend gut abkühlen lassen. Anschließend in Riegel schneiden.

HALTBARKEIT & LAGERUNG

Die Müsliriegel sind bei optimaler Lagerung ca. 8 Wochen haltbar. In einer Keksdose, getrennt durch eine Lage Backpapier, behalten sie ihre knusprige Konsistenz, ohne auszutrocknen.

Diese Marmelade punktet in vielerlei Hinsicht. Bereits im Herbst macht sie auf ihre ganz eigene Art und Weise Lust auf die bevorstehende Vorweihnachtszeit. Frisch geerntete Äpfel warten förmlich darauf, verarbeitet zu werden. Unglaublich fruchtige Marmelade trifft hier auf geröstete Mandeln, Zimt und Vanille.

Bratapfelmarmelade

ZUTATEN FÜR 2–3 GLÄSER À 250 G

50 g Mandelstifte
750 g Äpfel
250 g Gelierzucker 3:1
1–2 TL Zimt
1 Vanilleschote
1 EL Amaretto
50 ml Apfelsaft
35 g zerkleinerte Rosinen

ZUBEREITUNG

1. Die Mandelstifte in einer beschichteten Pfanne ohne Zugabe von Fett leicht anrösten. Die Äpfel schälen, vom Kerngehäuse befreien und in sehr kleine Würfel schneiden. Äpfel, Gelierzucker, Zimt, Mark der Vanilleschote, Amaretto und Apfelsaft in einen größeren Topf geben und kurz aufkochen lassen.
2. Bei mittlerer Temperatur für ca. 5 Minuten köcheln lassen, bis die Apfelwürfel weich werden. Zum Schluss die Mandelstifte und die zerkleinerten Rosinen unterrühren. Eine Gelierprobe durchführen und die Marmelade noch heiß in saubere, gut verschließbare Gläser füllen.

Marzipan in Marmelade war lange Zeit nichts für mich. Seit ich diese Kombination probiert habe, ist sie bei uns nicht mehr aus unserem Alltag wegzudenken.

Birnenmarmelade mit Marzipan

ZUTATEN FÜR 2 GLÄSER À 250 G

500 g Birnen
1 Vanilleschote
100 g Marzipan
250 g Gelierzucker 2:1
1–2 TL Amaretto

ZUBEREITUNG

1. Die Birnen heiß waschen, vom Kerngehäuse befreien und in kleine Würfel schneiden. Die Birnenwürfel in einen mittelgroßen Topf geben und mit 75 ml Wasser bei leichter Hitze weich kochen.
2. Die Vanilleschote längs aufschneiden, das Mark herauskratzen und zu den Birnenwürfeln in den Topf geben. Das Marzipan ebenfalls in kleine Würfel schneiden und so lange bei mittlerer Hitze unter die Birnen rühren, bis dieses sich vollständig aufgelöst hat.
3. Den Gelierzucker einrühren und die Marmelade kurz aufkochen. Zum Schluss den Amaretto unterrühren und die noch heiße Marmelade in saubere, gut verschließbare Gläser füllen.

Ein letzter Rest Eierlikör in der Flasche und keine Idee, wie man den noch verwenden könnte? Diese Eierlikörpralinen sind die Rettung.

Eierlikörpralinen mit weißer Schokolade

ZUTATEN FÜR CA. 10 STÜCK

100 g weiße Schokolade
1 TL Butter
100 g blanchierte, gemahlene Mandeln
50 ml Eierlikör

ZUBEREITUNG

1. Die weiße Schokolade in kleine Stücke brechen und zusammen mit der Butter über einem Wasserbad vorsichtig schmelzen. Währenddessen 75 g gemahlene Mandeln und den Eierlikör in einer Schüssel gründlich verrühren. Die geschmolzene Schokolade zugeben und nochmals gut verrühren. Die Masse im Kühlschrank für 1–2 Stunden vollständig auskühlen und andicken lassen.
2. Mit einem kalten Teelöffel kleine Portionen von der Masse abnehmen, diese mit angefeuchteten Händen zu etwa walnussgroßen Kugeln formen und in den restlichen gemahlenen Mandeln wälzen.

AUFBEWAHRUNG

Die Eierlikörkugeln sollten gut verschlossen im Kühlschrank aufbewahrt und innerhalb von ca. 1 Woche verzehrt werden.

Marshmallows gehören auf eine heiße Tasse Kakao. Wie praktisch, dass sich diese ganz leicht und mit nur wenig Aufwand selbst machen lassen, oder?

Selbst gemachte Stern-Marshmallows vom Blech

ZUTATEN FÜR CA. 30 KLEINE STERNE

MARSHMALLOWS

2 EL Speisestärke
2 EL + 250 g Puderzucker + etwas zum Wälzen
1–2 EL Butter
12 Blatt Gelatine
30 g Vanillezucker (Rezept Seite 30)

AUßERDEM

Sternausstecher (optional)

ZUBEREITUNG

1. Die Speisestärke in einer kleinen Schüssel mit 2 EL Puderzucker vermischen. Ein kleineres Backblech oder eine Auflaufform (20 × 30 cm) mit hohem Rand gründlich mit der Butter einfetten und mit der Stärke-Zucker-Mischung bestäuben.
2. Die Gelatineblätter in einen Topf mit 150 ml Wasser geben und kurz quellen lassen. Anschließend das Wasser zum Kochen bringen und die Gelatineblätter darin auflösen. Das Gelatinewasser in eine mittelgroße Rührschüssel umfüllen und mit 250 g Puderzucker und dem Vanillezucker mischen. Mit Hilfe des Handrührgerätes auf höchster Stufe für ca. 5–7 Minuten kräftig aufschlagen, bis die Masse weiß und zähflüssig wird.
3. Die Marshmallowmasse gleichmäßig in der vorbereiteten Form verstreichen und alles bei Raumtemperatur für ca. 4–5 Stunden trocknen lassen.
4. Die getrocknete Masse kann jetzt in Stücke geschnitten oder mit Ausstechförmchen (z. B. Sternen) ausgestochen werden.

HALTBARKEIT & VERWENDUNG

In Puderzucker gewälzt und luftdicht in Dosen verpackt, sind die Marshmallows mehrere Wochen haltbar. Am besten schmecken sie als Topping auf einer heißen, selbst gemachten Trinkschokolade.

Je nach Jahreszeit aromatisiere ich Essig gerne mit Obst der Saison und den passenden Gewürzen. Salatsaucen beispielsweise gibt das eine feine, zurückhaltend fruchtige Note.

Aromatisierter Essig mit Birnen und Gewürzen

ZUTATEN FÜR 1 BÜGELGLAS À 750 ML

2–3 kleinere Bio-Birnen
3–4 Lorbeerblätter
4 Wacholderbeeren
600 g milder Tafelessig
80 g milder Honig
40 g brauner Zucker
1 TL Salz

ZUBEREITUNG

1. Die Birnen halbieren und in ein sauberes, gut verschließbares größeres Glas geben. Die Gewürze zugeben.
2. Essig, Honig, Zucker und Salz in einem mittelgroßen Topf kurz aufkochen und einige Minuten bei kleiner Hitze köcheln lassen, bis sich Zucker und Salz vollständig aufgelöst haben. Den Essigsud noch heiß über die Birnen und die Gewürze geben, bis diese vollständig bedeckt sind.
3. Das Glas gut verschließen und den angesetzten Gewürzessig an einem hellen Ort für ca. 8 Wochen durchziehen lassen. Danach alles durch ein feines Küchensieb abgießen und den Essig in saubere, gut verschließbare Flaschen füllen.

Mit nur wenigen Zutaten bekommt man herrlich aromatisierten Essig mit fruchtiger Note und einer leichten Süße.

Winterlich angehauchter Apfelessig

ZUTATEN FÜR CA. 1 L

750 g Äpfel oder Apfelreste
200 g Zucker
750 g milder Tafelessig

ZUBEREITUNG

1. Die Äpfel gründlich waschen und mit Schale und Kerngehäuse in Stücke schneiden. Die Apfelstücke in saubere Gläser geben und mit kaltem Wasser aufgießen, bis alle Stücke vollständig bedeckt sind. Den Zucker zugeben und alles gut durchrühren.
2. Die Gläser mit einem sauberen, durchlässigen Stoff abdecken und diesen mit einem Haushaltsgummi befestigen. Die Gläser an einem etwas kühleren Ort ca. 4 Wochen ziehen lassen, täglich mit einem sauberen Löffel umrühren und auf Schimmelbildung kontrollieren. Anschließend durch ein feines Küchensieb in saubere, gut verschließbare Flaschen abgießen.

HALTBARKEIT & VERWENDUNG

Beide Essige sind bei sauberer Verarbeitung und Flaschen mindestens 1 Jahr haltbar. Sie passen gut zu winterlichen Salaten.

Das Apfelchutney ist bereits seit Jahren aus meinem Vorrat nicht mehr wegzudenken. Die Kombination aus süßen Äpfeln und aromatischem Knoblauch passt perfekt zu Käse und darf bei uns bei keiner Brotzeit fehlen.

Apfelchutney mit Knoblauch aus dem Ofen

ZUTATEN FÜR 2–3 GLÄSER À 150 G

1 Knoblauchknolle
2 mittelgroße Äpfel
½ Zwiebel
Öl zum Anbraten
100 ml milder, heller Essig
150 ml Apfelsaft
30 g Zucker
1 Prise Salz
1 Zimtstange
2 Pimentkörner
2 Nelken

ZUBEREITUNG

1. Die Knoblauchknolle im Ganzen in etwas Backpapier einschlagen und für ca. 40 Minuten bei 160 °C Umluft in den Ofen geben, bis die Knolle besonders weich und mild im Geschmack ist. Der Knoblauch kann nach der Backzeit ganz einfach mit den Händen aus der Knolle gequetscht werden. Für das Chutney werden 3–4 Zehen benötigt (siehe Tipp).
2. Die Äpfel und die Zwiebel schälen, die Äpfel entkernen, Äpfel und Zwiebel in kleine Würfel schneiden und in etwas neutralem Öl glasig dünsten. Am Ende der Garzeit den Knoblauch zugeben. In einem separaten Topf Essig, Apfelsaft, Zucker und Gewürze kurz aufkochen, bis sich der Zucker aufgelöst hat, die Äpfel- und Zwiebelwürfel zugeben und mit geschlossenem Deckel ca. 30 Minuten leicht köcheln lassen, bis die Äpfel weich werden und die Flüssigkeit fast aufgenommen haben.
3. Zum Schluss alles noch heiß in saubere, gut verschließbare Gläschen füllen.

HALTBARKEIT & VERWENDUNG

Das Chutney schmeckt zu Käse, Grillgemüse und Fleisch und ist ca. 4–6 Wochen haltbar.

TIPP

Der Rest der Knoblauchknolle kann in einem kleinen Gläschen, mit neutralem Öl bedeckt, im Kühlschrank aufbewahrt werden und eignet sich hervorragend als Beigabe beim Kochen.

Verschiedenste selbst gemachte Chutneys und Saucen sind fester Bestandteil in unserem Vorrat. Gerade jetzt im Herbst und Winter nimmt vor allem das Angebot an frischem Obst deutlich ab und ich freue mich über jedes kleine Gläschen im Kühlschrank.

Karamellisiertes Traubenchutney

ZUTATEN FÜR CA. 1–2 GLÄSER À 200 ML

1 kleinere Zwiebel
10 g neutrales Öl
75 g brauner Zucker
3 Knoblauchzehen
400 g rote, kernlose Trauben
20 ml Rotweinessig
½ TL Senfsaat
2 Lorbeerblätter
1 Nelke
2 Pimentkörner
½ TL Salz

ZUBEREITUNG

1. Die Zwiebel schälen und in sehr kleine Würfel schneiden. Diese in einer beschichteten Pfanne in etwas Öl glasig andünsten, mit braunem Zucker bestreuen und leicht karamellisieren lassen. Die Knoblauchzehen ebenfalls schälen und durch eine Knoblauchpresse zu den Zwiebeln in die Pfanne drücken.
2. Die Trauben von den Stielen zupfen, mit einem Messer halbieren und zum Rest in die Pfanne geben. Alle restlichen Zutaten ebenfalls zugeben und bei geringer Hitze für ca. 5 Minuten köcheln lassen, bis die Trauben weich werden und etwas in sich zusammenfallen. Hat das Chutney die gewünschte Konsistenz erreicht, noch heiß in saubere, gut verschließbare Gläser füllen und im Kühlschrank aufbewahren.

HALTBARKEIT & VERWENDUNG

Das Traubenchutney passt zu allerlei Käsevariationen und Fleisch und ist im Kühlschrank aufbewahrt ca. 2 Wochen haltbar.

Plätzch

Sehr lange Zeit war ein Panettone für mich nichts weiter als ein trockenes Stück Rührkuchen aus Italien mit zu süßem, unechtem Orangeat und Zitronat. Seit diesem Rezept jedoch ist diese Abneigung nun endlich Geschichte. Meine Mini-Panettone sind etwas abgewandelt, schmecken aber meiner Meinung nach besser als das Original.

Mini-Panettone mit Cranberrys

ZUTATEN FÜR CA. 6 STÜCK

15 g Orangeat (Rezept Seite 33)
15 g Zitronat (Rezept Seite 33)
25 g Cranberrys
30 ml Rum
30 ml Orangensaft
175 g weiche Butter + etwas für die Formen
75 ml + 1 EL Milch
½ Würfel frische Hefe
500 g Mehl
100 g Zucker
1 Vanilleschote
2 Eier
1 Eigelb
gehobelte Mandeln zum Bestreuen
Puderzucker zum Bestäuben (optional)

ZUBEREITUNG

1. Am Vorabend das Orangeat, das Zitronat und die Cranberrys fein hacken. Alles in eine Schüssel geben, mit dem Rum und dem Orangensaft vermischen und abgedeckt bis zum nächsten Tag ziehen lassen.
2. Für den Teig zunächst die Butter in einem Topf schmelzen. Dann 75 ml Milch zugeben, auf ca. 37 °C erwärmen und die Hefe darin langsam auflösen. Anschließend das Mehl und den Zucker in eine größere Schüssel sieben. Das Mark der Vanilleschote auskratzen und hinzufügen. Die Hefemilch-Mischung und die Eier zugeben und einige Minuten gut verkneten, bis sich der Teig vollständig vom Schüsselrand löst. Jetzt die Rum-Mischung vom Vortag etwas abtropfen lassen und unter den Teig heben. Den Teig mit einem sauberen Küchentuch abdecken und ca. 2 Stunden an einem warmen, nicht zugigen Ort ruhen lassen. Wenn sich der Teig ungefähr verdoppelt hat, diesen nochmals kurz durchkneten.
3. Den Backofen auf 180 °C Umluft vorheizen.
4. 6 Mulden eines Muffinblechs gut einfetten. Den Hefeteig in gleich große Stücke zu je ca. 90 g zerteilen, diese zu Kugeln formen, in jeweils eine Muffinmulde geben und nochmals ca. 30 Minuten ruhen lassen.
5. 1 EL Milch und das Eigelb kurz verquirlen, die Mini-Panettone damit bestreichen, mit gehobelten Mandeln bestreuen und für ca. 30 Minuten im Ofen backen, bis die Oberfläche goldbraun wird. Die Mini-Panettone nach Belieben noch im warmen Zustand mit etwas Puderzucker bestäuben und genießen.

TIPP

Die Hefe-Milchmischung bei Hefeteigen niemals zu hoch erhitzen. Alles über 42 °C tötet die Hefe ab und der Teig geht später nicht richtig oder sogar überhaupt nicht auf.

Dieses Rezept für meine Sahne-Zimttoffees ist so unglaublich einfach und gleichzeitig so lecker.

Christmas-Zimttoffees

ZUTATEN FÜR 25 STÜCK

100 g Zucker
80 ml Sahne
80 g Butter
½ TL Zimt
1 Msp. Kardamom
15 g gehackte Mandeln

ZUBEREITUNG

1. Als Erstes eine kleine eckige Backform (20 × 25 cm) mit Backpapier auslegen.
2. Den Zucker in einer beschichteten Pfanne erhitzen. Wenn dieser beginnt, braun zu werden, also karamellisiert, sofort die Sahne und die Butter zugießen und gut einrühren. Zimt, Kardamom und gehackte Mandeln zugeben und ebenfalls unterrühren. Die Karamellmasse so für ca. 40 Minuten unter ständigem Rühren leicht köcheln lassen, bis die Farbe von braun zu leicht golden wechselt.
3. Die Masse in die vorbereitete Form füllen, glattstreichen, im Kühlschrank fest werden lassen und anschließend mit einem Messer in kleine Stücke schneiden. Um das Verkleben der einzelnen Stücke zu vermeiden, am besten jedes einzeln in etwas Butterbrotpapier einschlagen.

TIPP

Wird die Masse im Kühlschrank nicht fest genug, diese einfach für wenige Minuten ins Gefrierfach stellen und anschließend mit einem scharfen Messer in Stücke schneiden.

HALTBARKEIT & VERWENDUNG

Ich bewahre meine Toffees in einem Bügelglas im Kühlschrank auf. Dort sind sie ungefähr 8 Wochen haltbar.

Wenn wir im Herbst Besuch haben, servieren wir sehr gerne zu später Abendstunde noch ein kleines Vesperbrett mit verschiedenen Käsesorten und Brot. Der weihnachtliche Senf passt dank seiner leicht süßlichen Note perfekt dazu.

Weihnachtlicher Senf mit Punschrosinen

ZUTATEN FÜR 1–2 GLÄSER

75 ml Apfelsaft
2–3 EL Rosinen
1 Zimtstange
1 Nelke
1 cm frischer Ingwer
2 EL Honig
½ TL Lebkuchengewürz
1 EL brauner Zucker
30 ml milder, heller Essig
100 g Senfkörner
1–2 EL Amaretto

ZUBEREITUNG

1. Am besten am Abend vorher alle Zutaten bis auf den Essig, die Senfkörner und den Amaretto kurz aufkochen lassen. Anschließend über Nacht gut durchziehen lassen.
2. Am nächsten Tag die Zimtstange und die Nelke herausnehmen und den Essig, die Senfkörner und den Amaretto zugeben. Alles in einem leistungsstarken Mixer geben und bis zum gewünschten Grad zerkleinern. Alles in saubere, gut ausgespülte und verschließbare Gläschen füllen.

HALTBARKEIT, AUFBEWAHRUNG & VERWENDUNG

Der Weihnachtssenf passt sehr gut zu Käse und ist der perfekte Raclette-Begleiter. Die Haltbarkeit beträgt 4–6 Wochen. Aufbewahrt werden sollte der Senf immer gut verschlossen im Kühlschrank.

Wohlfühlrezepte für die Keksdose

Spätestens Mitte November startet bei mir die Plätzchen-saison. Viele Plätzchen benötigen etwas Zeit zum Durchziehen, ehe sie richtig lecker schmecken. Jetzt beginnt auch die Vorweihnachtszeit: Das Haus wird geschmückt und die Weihnachtsbäckerei darf mit einer heißen Tasse Glühwein oder Punsch mit Freunden zelebriert werden. In meiner Keksdose landen jedes Jahr neben altbewährten Klassikern immer auch neu entdeckte Keks-sorten.

Zur Aufbewahrung meiner selbst gebackenen Kekslieblinge nutze ich klassische Metall-dosen. Diese schließen luftdicht und die Kekse trocken so nicht aus. Die Kekse halten sich darin 4–6 Wochen.

Die Kürbiskernplätzchen fallen schon allein wegen ihrer außergewöhnlichen Farbe ins Auge. Auch ihr Geschmack ist wunderbar aromatisch–nussig und etwas ganz Besonderes.

Kürbiskernplätzchen

ZUTATEN FÜR CA. 25 STÜCK

TEIG

150 g Kürbiskerne
200 g Mehl
100 g Puderzucker
1 Prise Salz
175 g kalte Butter
1–2 TL Vanilleextrakt (Rezept Seite 28)

DEKORATION

100 g weiße Schokoladenkuvertüre
30 g grob zerkleinerte Kürbiskerne

ZUBEREITUNG

1. Die Kürbiskerne ohne Fettzugabe in einer beschichteten Pfanne kurz anrösten, abkühlen lassen und in einem leistungsfähigen Mixer fein mahlen. Das Kürbiskernmehl mit dem Mehl, dem Puderzucker und dem Salz mischen. Die Butter in kleinen Stücken sowie den Vanilleextrakt zugeben und alles gut verkneten.
2. Den Teig zu einer Rolle mit ca. 3–4 cm Durchmesser formen, diese in Frischhaltefolie einwickeln und für ca. 45 Minuten im Kühlschrank kühlen.
3. Den Backofen auf 175 °C Umluft vorheizen.
4. Ein Backblech mit Backpapier belegen und die Teigrolle aus dem Kühlschrank nehmen. Den Teig in ca. 5 mm dicke Scheiben schneiden, diese auf dem Backblech verteilen und für 10 Minuten backen.
5. Die Schokolade über einem Wasserbad vorsichtig schmelzen, die vollständig abgekühlten Kürbiskernplätzchen jeweils zur Hälfte eintunken, anschließend in die zerkleinerten Kürbiskerne dippen und auf einem Kuchengitter trocknen lassen.

Diese Spekulatius–Erdnusskugeln sind nahezu perfekt, um Keks– und Nussreste aufzubrauchen.

Spekulatius-Erdnusskugeln

ZUTATEN FÜR 20 STÜCK

150 g gesalzene Erdnüsse
1–2 EL Erdnussöl
1–2 EL Apfeldicksaft (Rezept Seite 37)
120 g Puderzucker
200 g Gewürzspekulatius
2–3 EL Sahne
100 g gemahlene Haselnüsse

ZUBEREITUNG

1. Zuerst die gesalzenen Erdnüsse in einer beschichteten Pfanne ohne Zugabe von Fett etwas anrösten und auskühlen lassen. Die Erdnüsse nun mit dem Erdnussöl, dem Apfeldicksaft, dem Puderzucker, den Gewürzspekulatius und der Sahne in einem leistungsstarken Mixer so lange zerkleinern, bis eine homogene Masse entsteht. Diese im Kühlschrank für 1–2 Stunden kühlen und fest werden lassen.
2. Die Spekulatius-Erdnussmasse mit angefeuchteten Händen zu kleinen Kugeln formen. Die noch leicht feuchten Kugeln vorsichtig in den gemahlenen Haselnüssen wälzen.

HALTBARKEIT

Da im Rezept frische Sahne verwendet wird, beträgt die Haltbarkeit im Kühlschrank ca. 1 Woche.

In der weihnachtlichen Keksdose geht nichts über echte Klassiker. Schon als Kind habe ich die Vanillekipferl meiner Mutter geliebt. Früher mussten diese bei uns immer portioniert von ihr ausgegeben werden, da sie sonst Angst haben musste, bereits Mitte November mit einer leeren Keksdose dazustehen. Heute darf ich sie mir selbst einteilen, dennoch bleiben sie für mich etwas ganz Besonderes.

Klassische Vanillekipferl

ZUTATEN FÜR CA. 35 STÜCK

TEIG

220 g Mehl
100 g Zucker
1 EL Vanillezucker
1 Ei
125 g Butter
100 g gemahlene Mandeln

DEKORATION

50 g Puderzucker
1 EL Vanillezucker

ZUBEREITUNG

1. Alle Zutaten zu einem glatten Teig verkneten und für 1 Stunde im Kühlschrank kalt stellen.
2. Anschließend kleine Teigportionen abnehmen, mit den Händen kleine Kipferl formen und diese auf einem mit Backpapier ausgelegten Backblech verteilen.
3. Den Backofen auf 150 °C Umluft vorheizen und die Kipferl anschließend darin 10–12 Minuten backen.
4. Den Puderzucker und den Vanillezucker mischen. Die Vanillekipferl noch warm darin wälzen und auf einem Kuchengitter vollständig auskühlen lassen.

Auch Engelsaugen gehören hier in der vorweihnachtlichen Keksdose zu den Klassikern. Die etwas abgewandelte Variante mit dunklem Teig und Nougatklecks ist etwas für echte Nuss–und Schokoladenfans.

Engelsaugen mit Nougatklecks

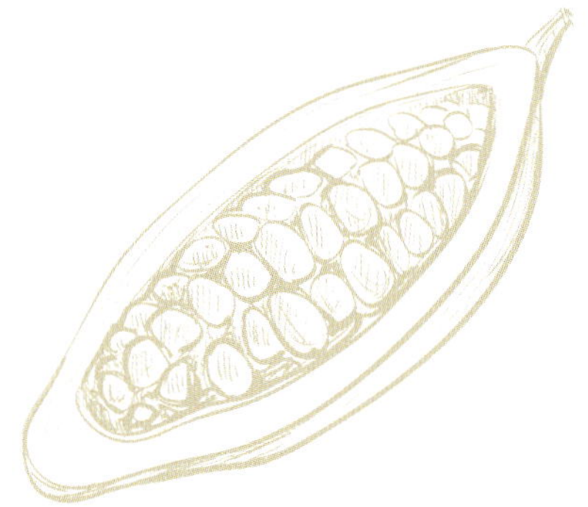

ZUTATEN FÜR CA. 30 STÜCK

TEIG
225 g Mehl
75 g gemahlene Haselnüsse
75 g Puderzucker
1 Eigelb
150 g Butter
3–4 EL Kakao

DEKORATION
50 g gemahlene Haselnüsse
1 Pck. Vanillezucker (oder selbst gemacht, Rezept Seite 30)
125 g Nougat

ZUBEREITUNG

1. Für den Mürbteig alle Zutaten in einer etwas größeren Schüssel miteinander verkneten, bis ein homogener Teig entsteht. Diesen zu einer Kugel formen und in Frischhaltefolie eingeschlagen für 1–2 Stunden im Kühlschrank kalt stellen.
2. Den Backofen auf 150 °C Umluft vorheizen und ein Backblech mit Backpapier auslegen.
3. Aus dem Teig kleine Kugeln mit etwa 15 g formen und mit dem bemehlten Stielende eines Holzkochlöffels jeweils eine kleine Mulde eindrücken.
4. Die gemahlenen Haselnüsse mit dem Vanillezucker in einem Mörser grob zerstoßen und gut mischen. Die Engelsaugen darin wälzen, mit genügend Abstand zueinander auf dem Backblech verteilen und für ca. 12 Minuten backen.
5. Nach dem Backen sofort vom Blech nehmen und auf einem Kuchengitter vollständig auskühlen lassen. Währenddessen das Nougat vorsichtig erwärmen und mit Hilfe einer Spritztülle oder eines kleinen Löffels in die Mulden füllen. Die Kekse vor dem Einschichten in eine Keksdose nochmals vollständig auskühlen lassen, bis das Nougat fest wird.

Elisenlebkuchen müssen für mich innen schön saftig und ein kleines bisschen „unbaked" sein. Auf kleinen Oblaten gebacken, haben sie die perfekte Größe.

Beschwipste Elisenlebkuchen

ZUTATEN FÜR CA. 35–40 STÜCK

LEBKUCHEN

100 g Zitronat (Rezept Seite 33)
100 g Orangeat (Rezept Seite 33)
50 ml Amaretto
1 Vanilleschote
5 Eier
175 g Puderzucker
30 g flüssiger heller Honig
1 TL Lebkuchengewürz
550 g frisch gemahlene gemischte Nüsse
35–40 Backoblaten (5 cm Durchmesser)

DEKORATION

100 g Puderzucker
1–2 EL Zitronensaft oder Wasser

ZUBEREITUNG

1. Am Vorabend das Zitronat und das Orangeat in einem leistungsstarken Mixer zerkleinern und in einer Schüssel mit dem Amaretto über Nacht ziehen lassen.
2. Am nächsten Morgen das Mark der Vanilleschote auskratzen. Eier, Puderzucker, Honig, Lebkuchengewürz und Vanillemark aufschlagen. Die Nüsse vorsichtig unter die Eiermasse heben. Die Zitronat- und Orangeat-Mischung kurz über einem Sieb abtropfen lassen, ebenfalls zugeben und einrühren. Die fertige Masse für 1–2 Stunden kalt stellen.
3. Jetzt den Backofen auf 150 °C Umluft vorheizen.
4. Die Backoblaten auf ein mit Backpapier belegtes Backblech verteilen und mit Hilfe eines Esslöffels kleine Häufchen aufsetzen. Diese mit einem nassen Löffelrücken auf der Oblate gleichmäßig verteilen, sodass die Oblate komplett bedeckt ist und die Masse mittig etwas gewölbt ist.
5. Für ca. 20–25 Minuten backen. Den Backvorgang dabei mehrmals kontrollieren; die Lebkuchen sollen luftig und weich bleiben. Die Lebkuchen im Anschluss auf einem Kuchengitter vollständig auskühlen lassen.
6. Für die Dekoration den Puderzucker mit dem Zitronensaft mischen und die Lebkuchen damit bepinseln.

Diese kleinen Mandelstangen behalten auch nach dem Backen ihre typische, leicht klebrige Konsistenz, weswegen ich sie sehr liebe.

Himmlische Mandelstangen

ZUTATEN FÜR CA. 15 STÜCK

TEIG
250 g Marzipan
125 g gemahlene Mandeln
125 g Puderzucker
50 ml Milch
1 TL Zimt

DEKORATION
gehobelte Mandeln zum Wälzen
200 g weiße Kuvertüre

ZUBEREITUNG

1. Das Marzipan mit Hilfe eines Sparschälers in feine Stränge schälen. Alle Zutaten für den Teig in einer größeren Schüssel zu einem glatten Teig verkneten und für 1–2 Stunden kalt stellen. Anschließend den Teig mit den Händen zu kleinen Hörnchen rollen und vorsichtig in den gehobelten Mandeln wälzen.
2. Den Backofen auf 180 °C Umluft vorheizen und ein Backblech mit Backpapier auslegen.
3. Die Mandelstangen für 10–12 Minuten backen. Anschließend vom Backblech nehmen und auf einem Kuchengitter vollständig auskühlen lassen.
4. Die weiße Kuvertüre vorsichtig über einem Wasserbad schmelzen. Jeweils beide Enden der Mandelstangen in die flüssige Schokolade tunken und gut trocknen lassen.

Diese kleinen Mandelkugeln sehen unspektakulär aus, dürfen bei uns aber seit Jahren in keiner Keksdose fehlen.

Saftiges Mandelgebäck

ZUTATEN FÜR CA. 25 STÜCK

TEIG

200 g Marzipan
175 g gemahlene blanchierte Mandeln
125 g Puderzucker
50 g Mehl
1 Eiweiß
30 g Amaretto

DEKORATION

etwas Milch zum Bestreichen
3–4 EL gehobelte Mandeln
Puderzucker zum Bestäuben

ZUBEREITUNG

1. Den Backofen auf 150 °C Umluft vorheizen.
2. Das Marzipan in sehr kleine Stücke schneiden. Alle Zutaten für den Teig in einer größeren Schüssel miteinander verkneten, bis eine homogene, klebrige Teigmasse entsteht. Diese mit angefeuchteten Händen zu kleinen Kugeln mit einem Durchmesser von 2–3 cm formen.
3. Die Kugeln mit etwas Milch einpinseln, in einer Schale mit den gehobelten Mandeln wälzen und anschließend auf ein mit Backpapier belegtes Backblech setzen. Das Mandelgebäck für ca. 15–17 Minuten backen und noch heiß mit Puderzucker bestäuben.

Diese Nougatkipferl vereinen den wunderbar zart-mürben Teig herkömmlicher Vanillekipferl mit zartschmelzendem Nougat.

Nougatkipferl mit Krokantspitzen

ZUTATEN FÜR CA. 35 STÜCK

TEIG

100 g Butter
1 TL Lebkuchengewürz
200 g Nussnougat
300 g Mehl
1 Ei

DEKORATION

100 g Haselnuss-Kuchenglasur
75 g Haselnusskrokant

ZUBEREITUNG

1. Die Butter in einem mittelgroßen Topf vorsichtig bei geringer Hitze schmelzen, das Lebkuchengewürz einrühren und zum Auskühlen beiseitestellen. Das Nussnougat in kleine Stücke hacken und unter die handwarme Butter rühren. Das Mehl und das Ei unterheben und mit den Händen so lange kneten, bis ein homogener, fester Teig entsteht. Diesen zu einer Kugel formen, in Frischhaltefolie einschlagen und für 1–2 Stunden im Kühlschrank kalt stellen.
2. Den Backofen auf 150 °C Umluft vorheizen und ein Backblech mit Backpapier auslegen.
3. Für die Kipferl den Teig in kleine Kugeln von jeweils etwa 15 g aufteilen. Die Kugeln zwischen den Handflächen zu kleinen Strängen rollen und diese zu kleinen Kipferln formen. Die Kipferl für etwa 10 Minuten backen, sofort vom Backblech nehmen und auf einem Kuchengitter vollständig abkühlen lassen.
4. Für die Dekoration die Kuchenglasur vorsichtig über einem Wasserbad schmelzen. Jeweils beide Enden der Kipferl in die flüssige, handwarme Glasur tauchen und anschließend mit Haselnusskrokant bestreuen.

Ein Klassiker, den wohl jeder aus seiner Kindheit kennt, hier mit einer Extraportion Kakao und Zimt.

Schoko-Heidesand

ZUTATEN FÜR CA. 60 STÜCK

TEIG

225 g kalte Butter
100 g Puderzucker
1 Pck. Vanillezucker
350 g Mehl
1 Prise Salz
1 Msp. Zimt
10–20 g Kakaopulver
20 ml Sahne

DEKORATION

3–4 EL brauner Zucker

ZUBEREITUNG

1. Alle Zutaten rasch zu einem glatten Teig verarbeiten. Diesen zu zwei Rollen mit einem Durchmesser von etwa 3 cm formen, in Frischhaltefolie einschlagen und für ca. 1 Stunde ins Gefrierfach legen.
2. Den Backofen auf 180 °C Umluft vorheizen.
3. Den braunen Zucker auf einem großen Teller verteilen. Die Rollen aus dem Gefrierfach nehmen, vorsichtig im Zucker wälzen und noch kalt in etwa 1 cm dicke Scheiben schneiden.
4. Die Scheiben mit genügend Abstand zueinander auf einem mit Backpapier ausgelegten Backblech verteilen und für ca. 10 Minuten backen. Den Heidesand auf einem Kuchengitter vollständig auskühlen lassen.

Eine Extraportion Schokolade gibt's mit diesen sündhaft schokoladigen Schneebällen. Daran kann garantiert kein Familienmitglied vorbeilaufen.

Schokoladige Schneebälle

ZUTATEN FÜR CA. 35 STÜCK

TEIG

100 g Zartbitterschokolade
100 g Vollmilchschokolade
50 g Butter
80 g Zucker
3 Eier
160 g Mehl
30 g Kakao
1 TL Backpulver

AUßERDEM

100 g Puderzucker

ZUBEREITUNG

1. Beide Schokoladensorten in Stücke brechen und zusammen mit der Butter in einem kleineren Topf bei geringer Hitze langsam unter stetigem Rühren schmelzen. Die restlichen Zutaten für den Teig zugeben und kurz mit den Schneebesenaufsätzen eines Handrührgerätes aufschlagen. Den Teig für ca. 20 Minuten kalt stellen.
2. Währenddessen den Backofen auf 160 °C Ober-/Unterhitze vorheizen.
3. Ein Backblech mit Backpapier belegen und mit den Händen kleine Kugeln aus dem Teig formen. Diese sofort in reichlich Puderzucker wälzen und mit ausreichend Abstand auf das Backblech setzen.
4. Die Schneebälle für ca. 12–15 Minuten backen, sofort vom Backblech nehmen und auf einem Kuchengitter vollständig auskühlen lassen.

Für die allerbesten Haferkekse benötige ich nur eine überschaubare Menge an Zutaten. Diese habe ich fast immer im Haus und kann so auch spontan knusprig-zarte Kekse auf den Tisch zaubern.

Knusprig-zarte Haferkekse

ZUTATEN FÜR CA. 30 STÜCK

110 g Butter
150 g Zucker
100 g Mehl
1 TL Backpulver
1 Prise Salz
1 Ei
75 g zarte Haferflocken
75 g kernige Haferflocken

ZUBEREITUNG

1. Zunächst den Backofen auf 180 °C Ober-/Unterhitze vorheizen.
2. Die Butter in einem kleinen Topf langsam schmelzen, den Topf vom Herd nehmen und die Butter etwas abkühlen lassen. Nach und nach alle weiteren Zutaten zugeben und gut verrühren. Zum Schluss die Haferflocken unterheben.
3. Aus dem Teig ca. 30 kleine Kugeln zu je 10 g formen und diese mit genügend Abstand zueinander (etwa 15 Kekse pro Backblech) auf zwei mit Backpapier ausgelegten Backblechen verteilen und mit der Handfläche oder einem Löffelrücken plattdrücken.
4. Die Haferkekse auf mittlerer Schiene für ca. 10 Minuten backen, bis die Ränder sich etwas dunkler färben und die Keksmitte noch leicht teigig erscheint. Die Haferkekse sofort vom Backblech nehmen und auf einem Kuchengitter auskühlen lassen. Den Vorgang mit dem zweiten Backblech wiederholen.

Jedes Jahr schaffen es 1–2 Sorten in meine Keksdose, die nicht nur schokoladig oder nussig, sondern auch fruchtig sind. Die Aprikosen-Nusskringel vereinen sogar gleich zwei meiner Kriterien.

Aprikosen-Nusskringel

ZUTATEN FÜR 25–30 STÜCK

TEIG
300 g Mehl
75 g Puderzucker
2 Eier
150 g Butter

FÜLLUNG
50 g Butter
50 g Zucker
50 g gemahlene Haselnüsse
75 g Aprikosenmarmelade

DEKORATION
1 Ei
ca. 50 g Haselnusskrokant

ZUBEREITUNG

1. Aus dem Mehl, dem Puderzucker, den Eiern und der Butter mit den Händen einen Mürbteig kneten. Diesen in Frischhaltefolie einschlagen und für ca. 1 Stunde im Kühlschrank kalt stellen.
2. In der Zwischenzeit die Füllung vorbereiten. Dazu die Butter mit dem Zucker vorsichtig in einem kleinen Topf unter ständigem Rühren schmelzen. Den Zucker unterrühren, bis er sich auflöst. Anschließend beiseitestellen und etwas abkühlen lassen. Gemahlene Haselnüsse und Aprikosenmarmelade unterrühren, bis sich alles gut verteilt hat.
3. Den Backofen auf 160 °C Umluft vorheizen.
4. Den Teig aus dem Kühlschrank nehmen, dünn auf einer bemehlten Arbeitsfläche auswellen und mit der Aprikosenfüllung bestreichen. Die Teigplatte von der langen Seite her stramm aufrollen, mit dem verquirlten Ei einstreichen, in Nusskrokant wälzen und in etwa 1 cm breite Scheiben schneiden. Diese mit etwas Abstand zueinander auf einem mit Backpapier ausgelegten Backblech verteilen und bei 160 °C Umluft für etwa 12 Minuten backen. Auf einem Kuchengitter auskühlen lassen.

Klassische Spitzbuben habe ich schon als kleines Kind mit meiner Mutter gebacken. Damals waren sie aus einfachem, hellem Plätzchenteig mit klassischer Beerenmarmelade gefüllt. Heute, Jahre später, ergänze ich das Rezept gerne mit einer ordentlichen Portion gemahlenen Nüssen und meiner selbst gemachten Bratapfelmarmelade.

Spitzbuben mit Bratapfelmarmelade

ZUTATEN FÜR CA. 20 STÜCK

TEIG

1 Vanilleschote
100 g Staubzucker
175 g Mehl
100 g gemahlene Haselnüsse
175 g Butter
2 Eigelb

FÜLLUNG & DEKORATION

50 g Puderzucker
150 g Bratapfelmarmelade (Rezept Seite 133)

AUßERDEM

Plätzchenausstecher

ZUBEREITUNG

1. Das Mark der Vanilleschote herauskratzen und zusammen mit den restlichen Zutaten für den Teig in einer größeren Schüssel zu einem glatten Teig verarbeiten, diesen zu einer Kugel formen und in Frischhaltefolie einschlagen. Im Kühlschrank für 1–2 Stunden kalt stellen.
2. Den Backofen auf 160 °C Umluft vorheizen und ein Backblech mit Backpapier auslegen.
3. Den Teig auf einer bemehlten Arbeitsfläche ca. 3 mm dick auswellen. Mit einem Plätzchenausstecher dicht an dicht Plätzchen ausstechen. Mit etwas Abstand auf dem Backblech verteilen und für ca. 10 Minuten backen.
4. Die noch heißen Plätzchen vorsichtig auf ein Kuchengitter legen und die Hälfte mit Puderzucker bestäuben.
5. Die Bratapfelmarmelade in einem kleinen Topf vorsichtig bei geringer Hitze unter ständigem Rühren erhitzen, bis sie sich etwas verflüssigt. Die Marmelade vom Herd nehmen, kurz etwas abkühlen lassen und mit einem Backpinsel auf den Plätzchen ohne Puderzucker verstreichen. Sofort den mit Puderzucker bestäubten Teil aufsetzen und wieder auf einem Kuchengitter vollständig auskühlen lassen.

Diese schokoladigen Biscotti haben es mittlerweile bis in meine absolute Favoritenliste geschafft. Sie sind unkompliziert in der Herstellung und zum Nachmittagsespresso unschlagbar. Ihre etwas krümelige, krosse Konsistenz macht sie zu etwas ganz Besonderem.

Schokoladige Biscotti mit Nüssen

ZUTATEN FÜR 25 STÜCK

70 g Butter
100 g Puderzucker
1 Pck. Vanillezucker
100 g Mehl
¼ TL Backpulver
50 g gemahlene Haselnüsse
50 g gemahlene Walnüsse
100 g Zartbitterschokolade

ZUBEREITUNG

1. Als Erstes die Butter, den Puderzucker und den Vanillezucker in einer mittelgroßen Schüssel schaumig schlagen. Das Mehl, das Backpulver und die gemahlenen Nüsse zugeben. Die Zartbitterschokolade fein hacken und unter den Teig heben.
2. Den Teig auf die Arbeitsfläche stürzen und kurz mit den Händen kneten. Der Teig ist zum jetzigen Zeitpunkt noch sehr bröselig und relativ trocken. Das ist jedoch sehr wichtig für die spätere Konsistenz der Biscotti. Den Teig nun zu einer ca. 2–3 cm dicken Rolle formen, diese in Frischhaltefolie eingeschlagen und für 1 Stunde im Kühlschrank kalt stellen.
3. Den Backofen auf 170 °C Ober- /Unterhitze vorheizen und ein Backblech mit Backpapier belegen.
4. Die Teigrolle mittig auf das Backblech setzen, für 10–12 Minuten backen, herausnehmen und kurz abkühlen lassen. Die Rolle mit einem angefeuchteten, scharfen Messer schräg in fingerdicke Stücke schneiden, mit einer Schnittfläche nach unten zurück auf das Backblech setzen und so für weitere 10 Minuten backen. Anschließend zum Auskühlen auf ein Kuchengitter setzen.

Wohlfühlrezepte – Winterliches zum Schlürfen

Wo gutes Essen auf dem Tisch steht, dürfen gute Getränke keinesfalls fehlen. Ich für meinen Teil liebe winterliche Getränke. Sie schmecken herrlich nach allerlei Gewürzen, vereinen hochwertige Zutaten in sich und wärmen wunderbar von innen. Jetzt in der kalten Jahreszeit verschenke ich auch gerne selbst gemachten Sirup oder Liköre und verwöhne meine Liebsten mit einem Glas Punsch oder Glühwein.

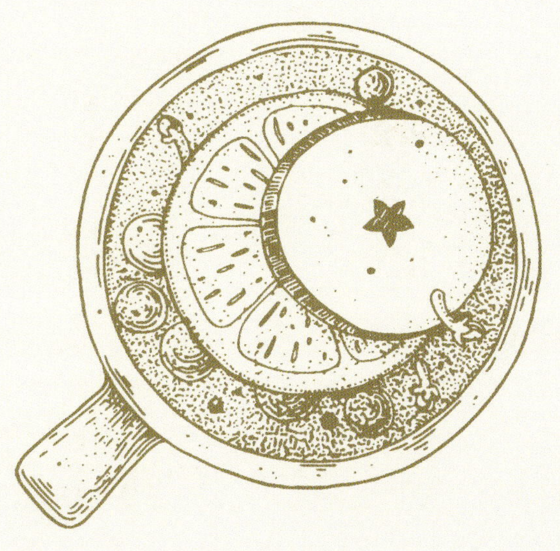

Ein richtig guter Eierpunsch ist die perfekte sahnige Alternative zu herkömmlichem Punsch oder Glühwein. Er hat eine feine Rumnote und wärmt herrlich von innen.

Eierpunsch

ZUTATEN FÜR 4 GLÄSER

1 Vanilleschote
4 Eigelb
100 g Zucker
300 ml Sahne
300 ml Milch
½ TL Zimt
100 ml brauner Rum

ZUBEREITUNG

1. Die Vanilleschote längs aufschneiden und das Mark herauskratzen.
2. Alle Zutaten bis auf den Rum in einer größeren Schüssel mit Hilfe des Schneebesens des Handmixers cremig aufschlagen, bis der Zucker sich aufgelöst hat.
3. Die Masse in einen Topf umfüllen, den Rum unterrühren und alles unter Rühren langsam erwärmen. Vor dem Servieren nochmals kurz aufschlagen, noch heiß in 4 Gläser verteilen und sofort servieren.

Pumpkin Spice Latte trinke ich in den Wintermonaten gerne alternativ zu Kaffee oder Latte macchiato. Mein selbst gemachter Sirup verleiht Kaffee eine leicht süße, würzige Note.

Pumpkin Spice Latte

ZUTATEN FÜR 1 GRÖßERES GLAS

200 ml Milch
3 EL Pumpkin-Spice-Sirup
(Rezept Seite 191)
2 frische Espresso
100 ml Sahne
1–2 Prisen Zimt

ZUBEREITUNG

1. Die Milch zusammen mit dem Sirup erwärmen und aufschäumen. Den frischen Espresso in ein hohes Glas geben und mit der aufgeschäumten Milch aufgießen.
2. Die Sahne mit dem Zimt zu Schlagsahne aufschlagen und den Latte mit der Sahne dekorieren.

An richtig kalten Wintertagen ziehe ich eine gut gewürzte Trinkschokolade jedem Punsch und jedem Glühwein vor. Getoppt mit Sahne oder selbst gemachten Marshmallows kann eine heiße Tasse Gewürzschokolade jeden Tag retten.

Gewürzschokolade mit Marshmallows

ZUTATEN FÜR 4 TASSEN

1 Vanilleschote
800 ml Vollmilch
2 Sternanis
2 Stangen Zimt
½ TL Kardamompulver
50 g Zucker
125 g Zartbitterschokolade
Marshmallows nach Geschmack (Rezept Seite 137)

ZUBEREITUNG

1. Die Vanilleschote vorsichtig mit einem Messer längs aufschlitzen und das Mark herauskratzen. Die Milch in einem mittelgroßen Topf kurz unter Rühren aufkochen lassen, die Hitze zurücknehmen und die Gewürze sowie den Zucker zugeben. Die Gewürzmilch auf unterster Stufe ca. 30 Minuten ziehen lassen, durch ein Sieb abgießen und zurück in den Topf geben.
2. Die Schokolade mit in den Topf geben und langsam in der noch warmen Milch schmelzen. Die Gewürzschokolade im Anschluss auf vier Tassen verteilen, mit Marshmallows dekorieren und genießen.

TIPP

Mit etwas warmem Milchschaum und Kakaopulver garniert, sieht die Gewürzschokolade besonders hübsch aus.

CHRISTMAS
from me to you

Ich liebe Sahneliköre, bei denen der Alkoholgeschmack nicht im Vordergrund steht und die sich trinken lassen, als würde man bei jedem kleinen Schlückchen an einem kleinen Nachtisch nippen.

Sahniger Lebkuchenlikör

ZUTATEN FÜR CA. 500 ML LIKÖR

100 Vollmilchschokolade
300 ml Sahne
2–3 TL Lebkuchengewürz (Rezept Seite 115)
2 TL Puderzucker
100 ml Korn oder Wodka
50 ml Amaretto

ZUBEREITUNG

1. Die Vollmilchschokolade zusammen mit der Sahne in einem mittelgroßen Topf erhitzen und vorsichtig schmelzen. Das Lebkuchengewürz und den Puderzucker unterrühren und anschließend den Korn und den Amaretto zugeben.
2. Zum Schluss alles durch ein sauberes Küchentuch oder ein feines Sieb geben und in saubere, gut verschließbare Flaschen füllen.

HALTBARKEIT & AUFBEWAHRUNG

Im Kühlschrank aufbewahrt ist der Lebkuchenlikör ca. 2–3 Wochen haltbar.

Dieser Orangenlikör ist neben dem Marzipanstollen (Seite 87) so ziemlich das erste auf meiner vorweihnachtlichen To-do-Liste.

Orangenlikör

ZUTATEN FÜR 700–800 ML LIKÖR

4–5 Bio-Orangen
1–2 EL Zucker
1 TL Zimt
1 Bio-Zitrone
1–2 Stangen Zimt
2 Sternanis
200 g Kandiszucker
1 Vanilleschote
750 ml Doppelkorn oder Wodka

ZUBEREITUNG

1. Die Bio-Orangen heiß waschen und in dünne Scheiben schneiden. Die Hälfte der Orangenscheiben auf ein mit Backpapier ausgelegtes Backpapier legen, mit Zucker und Zimtpulver bestreuen und für ca. 20 Minuten bei 180 °C Umluft in den Ofen schieben.
2. Die Bio-Zitrone heiß abwaschen und die Schale in Zesten abziehen. Mit den restlichen Zutaten bis auf den Korn oder Wodka in ein größeres, sauberes und gut verschließbares Einmachglas geben.
3. Nach Ablauf der Backzeit die noch warmen Orangenscheiben mit dem ausgetretenen Saft und den Gewürzen zu den restlichen Zutaten ins Glas geben und alles mit dem Doppelkorn übergießen, sodass alles gut bedeckt ist. Das Einmachglas gut verschließen und an einem möglichst dunklen Ort 3–4 Wochen ziehen lassen, dabei gelegentlich vorsichtig schütteln oder mit einem sauberen Holzlöffel umrühren.
4. Nach der Ziehzeit alles durch ein feines Küchensieb oder sauberes Küchentuch filtern und in saubere, gut verschließbare Flaschen abfüllen.

HALTBARKEIT

Der Orangenlikör ist dank des hohen Zucker- und Alkoholgehaltes bei guter Lagerung bis zu 2 Jahre haltbar.

In meinem Chai-Sirup verwende ich nur frisch zerstoßene Gewürze, welche so ihr volles Aroma abgeben können.

Chai-Sirup

ZUTATEN FÜR CA. 500 ML

300 g brauner Zucker
4 Beutel Schwarztee
3 Zimtstangen
4 Nelken
1 Sternanis
4 Kardamomkapseln
1 Vanilleschote
2 cm frischer Ingwer

ZUBEREITUNG

1. Als Erstes den Zucker mit 600 ml Wasser in einem mittelgroßen Topf aufkochen lassen, bis sich der Zucker vollständig aufgelöst hat. Die Teebeutel hinzufügen. Alle restlichen Zutaten in einem leistungsstarken Mixer kurz zerkleinern, mit in den Topf geben und 10 Minuten leicht köcheln lassen. Die Teebeutel herausnehmen und die Flüssigkeit weitere 10 Minuten ohne Deckel köcheln lassen.
2. Die Flüssigkeit durch ein feines Küchensieb gießen und in einer Schüssel auffangen. Den fertigen Sirup noch heiß in saubere, gut verschließbare Flaschen füllen,

---

Einen guten Pumpkin Spice Latte ziehe ich im Winter jedem Latte macchiato vor.

Pumpkin-Spice-Sirup

ZUTATEN FÜR 350 ML

300 g brauner Zucker
150 g Kürbispüree (Rezept Seite 37)
1 Vanilleschote
1–2 TL Zimt
¼ TL gemahlener Ingwer
1–2 Prisen Muskat
1 Prise Piment
2 ganze Nelken

ZUBEREITUNG

1. Für den Sirup 300 ml Wasser und den Zucker in einen mittelgroßen Topf geben und bei mittlerer Hitze köcheln lassen, bis sich der Zucker vollständig aufgelöst hat. Nun das Kürbispüree sowie die Gewürze hinzugeben und weitere 20 Minuten leicht köcheln lassen, dabei regelmäßig umrühren. Der Sirup sollte etwas eindicken, jedoch nicht zu dickflüssig werden.
2. Den Sirup durch ein feines Sieb geben und anschließend in heiß ausgespülte, saubere und gut verschließbare Flaschen füllen.

HALTBARKEIT & LAGERUNG

Beide Sirupe halten sich im Kühlschrank ca. 8 Wochen. Angebrochene Flaschen sollten innerhalb von 1–2 Wochen aufgebraucht werden. Zum Servieren 1–2 TL Sirup in warme Milch einrühren.

Dieser Birnensirup ist in der Winterzeit bei uns der unangefochtene Star. Er wertet mit absoluter Sicherheit jede Tasse Tee, Punsch oder auch Glühwein auf.

Birnen-Vanillesirup für Punsch und Glühwein

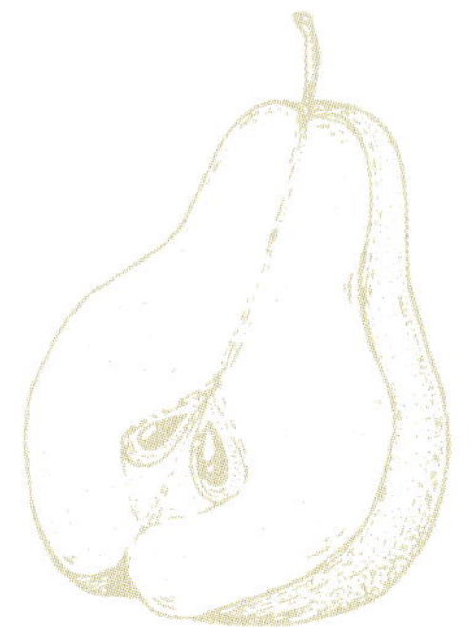

ZUTATEN FÜR CA. 600 ML

500 ml Birnensaft
200 g Puderzucker
1 EL Zitronensaft
1 EL Zitronenabrieb
2 Vanilleschoten

ZUBEREITUNG

1. Die Zutaten bis auf die Vanilleschoten in einen mittelgroßen Topf geben. Das Mark der Vanilleschoten auskratzen und zugeben. Alles unter Rühren vorsichtig erwärmen, bis sich der Zucker vollständig aufgelöst hat. Die Flüssigkeit jetzt kurz aufkochen lassen und dann für ca. 30 Minuten ohne Deckel leicht simmernd köcheln lassen, bis der Sirup etwas eindickt.
2. Den Sirup durch ein feines Sieb geben, in einer Schüssel auffangen und anschließend in heiß ausgespülte, saubere und gut verschließbare Flaschen füllen.

HALTBARKEIT & VERWENDUNG

Der Birnen-Vanillesirup ist dank des hohen Zuckergehaltes bei richtiger Lagerung ungefähr 3 Monate haltbar. Herkömmlicher Glühwein ist mir oft zu herb, und der Alkoholgeschmack sticht für meinen Geschmack zu sehr hervor. Am liebsten genieße ich den Birnen-Vanillesirup also als Süßungsmittel in einer großen Tasse mit heißem Glühwein oder Tee.

CHRISTMAS
from me to you

Richtig guter Eierlikör schmeckt zugegeben fast zu jeder Jahreszeit. Jetzt in der Winterzeit ergänze ich mein Rezept mit Orange und Tonkabohne. So erhält der selbst gemachte Likör eine weihnachtliche Note.

Orangen-Eierlikör mit Tonkabohne

ZUTATEN FÜR CA. 700 ML

200 g Puderzucker
1 TL Zimtpulver
1 Tonkabohne
1 Bio-Orange
5 sehr frische Eigelb
1–2 EL Vanillezucker
250 ml Sahne
150 ml Doppelkorn

ZUBEREITUNG

1. Alle Zutaten bis auf den Doppelkorn mischen, kurz mit Hilfe eines Schneebesens schaumig aufschlagen und anschließend in einem mittelgroßen Topf unter Rühren vorsichtig erhitzen, bis die Flüssigkeit beginnt etwas einzudicken.
2. Zum Schluss den Doppelkorn zugeben und den Likör noch warm in saubere, gut verschließbare Flaschen füllen.

HALTBARKEIT & VERWENDUNG & TIPPS

Den Eierlikör bei der Herstellung nicht zu stark erhitzen – sonst gerinnt das Eiweiß. Der Eierlikör sollte stets im Kühlschrank aufbewahrt und innerhalb von 4 Wochen aufgebraucht werden. Die Flasche vor dem Verzehr unbedingt gut schütteln.

Ein herrlich fruchtiger Glühwein mit ordentlich Rums. Der perfekte Begleiter für einen geselligen Abend mit Freunden.

Fruchtiger Glühwein mit Cranberrys und Orange

ZUTATEN FÜR 4 GLÄSER

500 ml lieblicher Rotwein
250 ml frisch gepresster Orangensaft
250 ml Cranberrysaft
50 g brauner Zucker
1 Vanilleschote
3 Gewürznelken
2 Sternanis
1–2 Stangen Zimt
75 ml brauner Rum

GARNITUR

½ Orange in Scheiben
50 g Cranberrys

ZUBEREITUNG

1. Rotwein, Orangensaft, Cranberrysaft, Zucker und alle Gewürze zusammen in einen mittelgroßen Topf geben und alles unter Rühren erhitzen, bis sich der Zucker vollständig aufgelöst hat, der Glühwein aber keinesfalls kocht. Den Topf vom Herd nehmen und den Glühwein bei geschlossenem Deckel 1–2 Stunden ziehen lassen.
2. Die Flüssigkeit durch ein feines Küchensieb gießen und die Gewürze auffangen. Den Glühwein nochmals vorsichtig erhitzen. Den Rum zugeben, umrühren und auf 4 Gläser verteilen. Die Orange in Scheiben schneiden, mit den Cranberrys auf die Glühweingläser verteilen und den Glühwein noch heiß servieren.

Diesen Apfelpunsch mag ich besonders, da er eher wie Fruchtpunsch schmeckt und der Alkohol nicht in den Vordergrund rückt. Fruchtige Äpfel und weihnachtliche Gewürze treffen hier auf eine leichte Amarettonote.

Apfelpunsch mit Zimthaube

ZUTATEN FÜR 2–3 GLÄSER

2 EL Mandelstifte
3–4 unbehandelte Äpfel
500 ml klarer Apfelsaft
2 Zimtstangen
1 Sternanis
1–2 EL brauner Zucker
50 ml Amaretto
200 ml Sahne
1–2 TL Zimtpulver

ZUBEREITUNG

1. Die Mandelstifte in einer Pfanne ohne Fett rösten und beiseitestellen. Die Äpfel vom Kerngehäuse befreien und in kleine Würfel schneiden. Den Apfelsaft mit den Zimtstangen und dem Sternanis, den Äpfeln und dem Zucker kurz aufkochen und leicht simmernd 15 Minuten köcheln lassen, bis die Äpfel etwas weich werden, aber nicht zerfallen. Zum Schluss den Amaretto zugeben.
2. Die Sahne leicht anschlagen und das Zimtpulver untermischen. Den Apfelsaft etwas abkühlen lassen und auf 3–4 Gläser verteilen. Die Mandelstifte über die Äpfel im Glas geben und alles vorsichtig mit der Zimtsahne toppen.

Register

Dank

Ein großes Dankeschön geht – wie so oft – an meinen Mann Marco, der sowohl die Schreibarbeit als auch die Entstehung der Rezepte und Fotos voller Geduld und Nachsicht begleitet hat.

Die Autorin

Carolin Jahn ist leidenschaftliche Hobbyköchin und -bäckerin. Sie lebt mit ihrer Familie im beschaulichen Schwäbisch Gmünd im Süden Deutschlands. Ihre Liebe zum saisonalen Kochen und Backen teilt sie seit 2018 in ihrem Garten- & Food-Blog Parzelle14.com. Auf ihrem Blog und ihrem Instagramaccount Parzelle_14 schreibt Carolin über all das, was sie bewegt und kreativ werden lässt. Hier findet man Anleitungen und Ideen rund um den Garten, den Anbau von Gemüse und Rezepte, die perfekt auf die jeweilige Saison und Jahreszeit abgestimmt sind. Von ihr erschien bei Thorbecke bereits „Vom Garten auf den Teller".

Hier finden Sie hübsche Etiketten
zum Ausdrucken für Ihre Gläser und Dosen:

Carolin Jahn
Vom Garten auf den Teller
Anbauen, kochen & genießen
19 × 24 cm, 200 Seiten
ISBN 978-3-7995-1545-0

Wer möchte nicht gerne wissen, woher kommt, was auf dem Teller landet? Carolin Jahn findet: Um sein eigenes Gemüse anzubauen und zu verarbeiten, benötigt man nur ein bisschen Mut, Geduld und eine Möglichkeit zu pflanzen – den Rest übernimmt die Natur. In ihrem Buch gibt die Bloggerin Tipps, wie sich eigenes Gemüse leicht anziehen lässt und welche Pflanzen gute Nachbarn im Beet sind. Mit ihren Rezepten zeigt sie uns, dass man mit saisonalem Obst und Gemüse abwechslungsreich durchs Jahr kommt und wie sich zum Ende der Gartensaison Schmackhaftes für die kalten Tage einkochen lässt.